KB105762

미노스 · 사랑하는 사람들

정암고전총서 플라톤 전집

미노스 · 사랑하는 사람들

플라톤

강철웅 옮김

아카넷

정암고전총서는 윤독의 과정을 거쳐 책을 펴냅니다.
아래의 정암학당 연구원들이 『미노스 · 사랑하는 사람들』 원고를 함께 읽고
번역에 도움을 주셨습니다.
김선희, 성중모, 오지은, 이기백, 장미성

'정암고전총서'를 펴내며

그리스·로마 고전은 서양 지성사의 뿌리이며 지혜의 보고이다. 그러나 이를 우리말로 직접 읽고 검토할 수 있는 원전 번역은 여전히 드물다. 이런 탓에 우리는 서양 사람들의 해석을 수동적으로 수용하는 처지를 완전히 극복하지 못하고 있다. 사상의 수입은 있지만 우리 자신의 사유는 결여된 불균형의 문제를 안고 있는 것이다. 이런 상황은 우리의 삶과 현실을 서양의 문화유산과 연관 지어 사색하고자 할 때 특히 심각한 문제를 야기한다. 우리 자신이 부닥친 문제를 자기 사유 없이 남의 사유를 통해 이해하거나 해결하는 것은 거의 불가능하기 때문이다. 우리의 문제에 대한 인문학적 대안들이 때로는 현실을 적확하게 꼬집지 못하는 공허한 메아리로 들리는 것도 그런 이유 때문일 것이다.

한 공동체에서 살아가는 사람들이 자신들의 생각과 말을 나누며 함께 고민하는 문제와 만날 때 인문학은 진정한 울림이 있는 메아리가 될 수 있다. 이것은 우리가 우리의 현실을 함께 고민하는 문제의식을 공유함으로써 가능하겠지만, 그조차도 함께 사유할 수 있는 텍스트가 없다면 요원한 일일 것이다. 사유를 공유할 텍스트가 없을 때는 앎과 말과 함이 분열될 위험에 노출될 수 있기 때문이다. 이런 점에서 진정한 인문학적 탐색은 삶의 현실이라는 텍스트, 그리고 생각을 나눌 수 있는 문헌 텍스트와 만나는 이중의 노력에 의해 가능할 것이다.

현재 한국의 인문학적 상황은 기묘한 이중성을 보이고 있다. 대학 강단의 인문학은 시들어 가고 있는 반면 대중 사회의 인문학은 뜨거운 열풍이 불어 마치 중흥기를 맞이한 듯하다. 그러나 현재의 대중 인문학은 비판적으로 사유하는 인문학이 되지 못하고 자신의 삶을 합리화하는 도구로 전락하는 경향이 없지 않다. 사유 없는 인문학은 대중의 욕망을 충족시키기 위해 소비되는 상품에 지나지 않는다. '정암고전총서' 기획은 이와 같은 한계상황을 극복할 수 있는 기본적인 토대를 마련하고자 하는 절실한 문제의식에서 시작되었다.

정암학당은 철학과 문학을 아우르는 서양 고전 문헌의 연구와 번역을 목표로 2000년 임의 학술 단체로 출범하였다. 그리고 그 첫 열매로 서양 고전 철학의 시원이라 할 『소크라테스 이전 철학자들의 단편 선집』을 2005년도에 펴냈다. 2008년에는 비영리 공익법인의 자격을 갖는 공적인 학술 단체의 면모를 갖추고 플라톤 원전 번역을 완결할 목표 아래 지금까지 20여 종에 이르는 플라톤 번역서를 내놓고 있다. 이제 '플라톤 전집' 완간을 눈앞에 두고 있는 시점에 정암학당은 지금까지의 시행착오를 밑거름 삼아 그리스·로마의 문사철 고전 문헌을 우리말로 옮기는 고전 번역 운동을 본격적으로 펼치려 한다.

정암학당의 번역 작업은 철저한 연구에 기반한 번역이 되도록 하기 위해 처음부터 공동 독회와 토론을 통해 이루어진다. 번역 초고를 여러 번에 걸쳐 교열·비평하는 공동 독회 세미나를 수행하여 이를 기초로 옮긴이가 최종 수정하는 방식으로 진행된다. 이같이 공동 독회를 통해 번역서를 출간하는 방식은 서양에서도 유래를 찾기 어려운 번역 시스템이다. 공동 독회를 통한 번역은 매우 더디고 고통스러운 작업이지만, 우리는 이 같은 체계적인 비평의 과정을 거칠 때 믿고 읽을 수 있는 텍스트가 탄생할 수 있다고 확신한다. 이런 번역 시스템 때문에 모든 '정암고전총서'에는 공동 윤독자를 병기하기로 한다. 그러나 윤독자들의 비판을 수용할지 여부는 결국 옮긴이가 결정한다는 점에서 번역의 최종 책임은 어디까지나 옮긴이에게 있다. 따라서 공동 윤독에 의한 비판의 과정을 거치되 옮긴이들의 창조적 연구 역량이 자유롭게 발휘될 수 있도록 노력하였다.

정암학당은 앞으로 세부 전공 연구자들이 각각의 연구팀을 이루어 연구와 번역을 병행함으로써 아리스토텔레스 철학 원전, 키케로 전집, 헬레니즘 선집 등의 번역본을 출간할 계획이다. 그리고 이렇게 출간될 번역본에 대한 대중 강연을 마련하여 시민들과 함께 호흡할 수 있는 장을 열어 나갈 것이다. 공익법인인 정암학당은 전적으로 회원들의 후원으로 유지된다는 점에서 '정암고전총서'는 연구자들의 의지뿐만 아니라 시민들의 소중한 뜻이 모여 세상 밖에 나올 수 있는 셈이다. 이런 점에서 '정암고전총서'가 일종의 고전 번역 운동으로 자리매김되길 기대한다.

'정암고전총서'를 시작하는 이 시점에 두려운 마음이 없지 않으나, 이런 노력이 서양 고전 연구의 디딤돌이 될 것이라는 희망, 그리고 새로운 독자들과 만나 새로운 사유의 향연이 펼쳐질 수 있으리라는 기대감 또한 적지 않다. 어려운 출판 여건에도 '정암고전총서' 출간의 큰 결단을 내린 아카넷 김정호 대표에게 경의와 감사의 뜻을 전한다. 끝으로 정암학당의 기틀을 마련했을 뿐만 아니라 앎과 실천이 일치된 삶의 본을 보여 주신 이정호 선생님께 존경의 마음을 표한다. 그 큰 뜻이 이어질 수 있도록 앞으로도 치열한 연구와 좋은 번역을 내놓는 노력을 다할 것이다.

2018년 11월
정암학당 연구자 일동

'정암학당 플라톤 전집'을 새롭게 펴내며

플라톤의 사상과 철학은 서양 사상의 뿌리이자 서양 문화가 이루어 온 지적 성취들의 모태가 되었다는 점에서 큰 의미를 지니고 있다. 특히 그의 작품들 대부분은 풍성하고도 심오한 철학적 문제의식을 담고 있을 뿐만 아니라 생동감 넘치는 대화 형식으로 쓰여 있어서, 오늘날까지 많은 사람이 최고의 철학 고전이자 문학사에 길이 남을 걸작으로 손꼽고 있다. 화이트헤드는 '유럽철학의 전통은 플라톤에 대한 일련의 각주'라고까지 하지 않았던가.

정암학당은 플라톤의 작품 전체를 우리말로 공유할 수 있도록 하자는 취지에서 뜻있는 학자들이 모여 2000년에 문을 열었다. 그 이래로 플라톤의 작품들을 함께 읽고 번역하는 데 매달려 왔다. 정암학당의 연구자들은 애초부터 공동 탐구의 작업 방식을 취해 왔으며, 이에 따라 공동 독회와 토론을 통해 텍스트를 이해하는 노력을 기울여 왔고, 초고를 여러 번에 걸쳐 교열·비평하는 수고 또한 마다하지 않았다. 2007년에 『뤼시스』를 비롯한 3종의 번역서를 낸 이후 지금까지 출간된 정암학당 플라톤 번역서들은 모두 이 같은 작업 방식으로 이루어진 성과물들이다.

정암학당의 이러한 작업 방식 때문에 번역 텍스트를 출간하는 데 출판사 쪽의 애로가 없지 않았다. 그동안 출판을 맡아 준 이제이북스는 어려운 여건에서도 플라톤 전집 출간의 의미를 이해하고 전집 출간 사업에 동참하여 많은 노력을 기울여 주었다. 그 결과 2007년부터 2018년까지 20여 종의 플라톤 전집 번역서가 출간되었다. 그러나 최근 이제이북스의 여러 사정으로 인해 전집 출간을 마무리하기가 어려워졌다. 정암학당은 플라톤 전집 출간을 이제이북스와 완결하지 못하게 된 것에 대해 아쉬움을 표하는 동시에 그동안의 노고에 고마움을 전한다.

정암학당은 이 기회에 플라톤 전집의 번역과 출간 체계를 전반적으로 정비하기로 했고, 이런 취지에서 '정암학당 플라톤 전집'을 '정암고전총서'에 포함시켜 아카넷 출판사를 통해 출간할 것이다. 아카넷은 정암학당이라는 학술 공간의 의미를 이해하고 '정암학당 플라톤 전집' 출간의 가치를 공감해 주었다. 여러 가지 측면에서 많은 어려움이 있었음에도 어려운 결단을 내린 아카넷 출판사에 감사를 표한다.

정암학당은 기존에 출간한 20여 종의 번역 텍스트를 '정암고전총서'에 편입시켜 앞으로 2년 동안 순차적으로 이전 출간할 예정이다. 그러나 이런 작업이 짧은 시간에 추진되었기 때문에 번역자들에게 전면적인 수정을 할 시간적 여유가 주어지지는 않았다. 따라서 아카넷 출판사로 이전 출간하는 플라톤 전집은 일부의 내용을 보완하고 오식을 수정하는 선에서 새로운 판형과 조판으로 출간한다. 이 점에 대해서는 독자들께 양해를 구한다. 정암학당은 출판사를 옮겨 출간하는 작업을 진행하는 동시에, 플라톤 전집 중 남아 있는 텍스트들에 대한 번역본 출간 시기도 앞당길 수 있도록 노력할 것이다. 그리하여 오랜 공동 연구의 결실인 '정암학당 플라톤 전집' 전체를 독자들이 조만간 음미할 수 있도록 최선을 다할 것이다.

끝으로 정암학당의 기반을 마련해 주신 고 정암(鼎巖) 이종건(李鍾健) 선생을 추모하며, 새 출판사에서 플라톤 전집을 완간하는 일에 박차를 가할 것을 다짐한다.

2019년 6월

정암학당 연구자 일동

차례

사랑하는 사람들

미노스

작품 내용 구분

제1부 "법이란 국가의 의견이다.":
 법의 정의(定義)에 대한 동료의 제안과 기각

1. 법의 정의에 대한 물음 제기 (소크라테스): "법은 우리에게 무엇인가?"
 (313a1~b5)

2. 법의 정의 첫째 후보 (동료): "받아들여지는 것들" (313b6~c6)
 1) 첫째 후보 제시 (동료): "받아들여지는 것들" (313b6~7)
 2) 첫째 후보 비판 (소크라테스): "영혼의 작용(행위)과 작용의 결과물은
 다르다." (313b8~c6)

3. 정의의 방식 예시 (소크라테스): 작용(혹은 작용의 원인 행위)의 본질 내
 지 유(類)가 무엇인가? 감각/앎인가, 기술인가? (313c7~314b9)

4. 법의 정의 둘째 후보 (동료): "국가의 의결/의견" (314b10~e)
 1) 둘째 후보 제시와 수정 보완: 의견들과 법령들 → 국가의 의결 → 국가
 적 의견 (314b10~c3)
 2) 둘째 후보 비판 (소크라테스) (314c4~e6)
 (1) 법의 작용 효과와 가치 검토: "법은 아름답다고 여기고 좋은 것으
 로서 추구해야 할 대상이다." (314c4~d8)
 (2) 검토 결과의 적용: "국가의 의결 중 형편없는 의결은 제외해야 한
 다." (314d9~e6)

제2부 "법이란 실재의 발견이다.":
법의 정의에 대한 소크라테스의 제안과 검토

5. 법의 정의 셋째 후보 (소크라테스): "법의 의도는 실재의 발견이다."
   (314e7~317d2)
   1) 둘째 후보에서 셋째 후보로의 이행 (314e7~315a3)
      (1) 둘째 후보 수정 버전: "쓸 만한 의견" (314e7~10)
      (2) 둘째 후보에서 셋째 후보로의 이행: 쓸 만한 의견 → 참된 의견 →
         실재의 발견 (314e10~315a3)
   2) 셋째 후보 비판 (동료): "동일한 것들에 관해 언제나 동일한 법들을 이
      용하지는 않는다." (315a4~d5)
   3) 메타적 문제 제기: 긴 이야기 대 문답적 공동 탐구 통한 합의
      (315d6~e6)
   4) 재반론 (소크라테스): "실재는 모든 사람들 사이에서 보편적으로 실재
      로 받아들여진다." (315e7~316c2)
      (1) 첫째 논변: "정의와 부정의의 대비는 모든 사람들 사이에서 보편적
         으로 받아들여진다." (315e7~316a3)
      (2) 둘째 논변: "무게의 더함과 덜함, 즉 더 무거움과 더 가벼움의 대비
         도 모든 사람들 사이에서 보편적으로 받아들여진다." (316a4~8)
      (3) 셋째 논변: "아름다움과 추함의 대비도 모든 사람들 사이에서 보편
         적으로 받아들여진다." (316a8~b2)
      (4) 결론: "실재는 모든 사람들 사이에서 보편적으로 실재로 받아들여
         진다." (316b2~4)
      (5) 결론의 함축(즉, 적법한 것의 보편적 동일성)에 대한 견해 차이:
         "실재의 오인은 적법한 것의 오인." (소크라테스) ↔ "법의 변개 때
         문에 수긍할 수 없다." (동료) (316b5~c2)
   5) 추가 논변 (소크라테스): "아는 사람들은 동일한 것들에 관해 동일한
      것들을 받아들여서 그것들을 저술한다." (316c3~317d2)

제3부 "훌륭한 입법자란 국가 구성원들의 영혼에 대한 배분자요 목자다.": 훌륭한 입법자에 관한 소크라테스의 심화된 논의

6. 훌륭한 입법자란 무엇이고 누구인가? (317d3~321c3)
  1) "입법자란 배분하는/먹여 기르는 앎을 가진 자다." (317d3~318a7)
    (1) 배분하는 앎을 가진 자의 법: 농부, 피리 연주자, 체육 선생의 사례 열거 (317d3~318a1)
    (2) 몸에서 영혼으로: 무리를 먹여 기르는 데 뛰어난 자의 법 (318a2~7)
  2) 신적인 법을 만든 훌륭한 입법자는 누구인가?: 크레타의 미노스와 라다만튀스 (318a8~d8)
  3) 입법자 미노스 (여담) (318d9~321b5)
    (1) 미노스에 대한 비극 시인과 서사시인의 상이한 평가: 옳은 칭찬과 비난의 중요성 (318d9~319a8)
    (2) 미노스에 대한 호메로스와 헤시오도스의 찬양 (319a9~320d7)
      ① 미노스에 대한 호메로스의 찬양: "제우스의 독대 교육을 받았다."는 유례없는 칭찬 (319a9~320c8)
      ② 미노스에 대한 헤시오도스의 찬양: "제우스에게 교육받아 최다 피치자를 통치." (320c8~d7)
    (3) 미노스에 대한 악평의 연유: "평판 권력을 가진 시인들에게 미움을 산 것이 미노스의 실수." (320d8~321b5)
  4) 가장 훌륭한 입법자요 '목자'는 누구인가? (본론으로 회귀): 크레타의 미노스와 라다만튀스 (321b6~c3)

7. 아포리아: 훌륭한 입법자는 영혼에 무엇을 배분함으로써 좋게 만드는가? 즉, 영혼의 무엇에 영혼의 좋음-나쁨이 의존하는가? (321c4~d)

등장인물

소크라테스

서두에서부터 주제 질문으로 직행하는 이 작품의 특성 때문에 여기 등장하는 소크라테스가 어떤 시간, 공간적 배경에 놓인 인물인지 분명히 드러나 있지 않다. 이는 그런 상황과 배경에 대한 고려를 더 적게 갖고 접근하라는 저자 쪽의 주문을 담고 있는 것일 수 있다. 하지만 여기 소크라테스는 법의 보편적 정의 내지 하나의 본질에 집중하는 모습이나, 논박적 질문을 통해 대화 상대자의 일관성을 문제 삼으며 일정한 논점을 향해 공동의 탐색적 논의를 구축해 가는 모습 등 우리가 초기 플라톤 작품들에서 흔히 만나는 예의 소크라테스 면모와 상통하는 점이 상당히 많다.

동료

이름이 명시되지 않고 '동료'(hetairos)로만 등장한다. 320e 등에서의 대화 내용이나 분위기로 보아 아테네인으로 상정되고, 321d로 미루어 소크라테스와 비슷한 연배로 설정되는 것으로 보인다는 점 외에는 이렇다 할 개인적 배경 정보의 단서가 없다. 이렇게 소크라테스의 대화 상대자가 처음부터 끝까지 익명 처리되는 일은 플라톤 작품에서 흔치 않다. 이 작품 말고는 『히파르코스』가 유일하다. 익명 설정의 의미와 의의가 무엇인지를 읽어내는 것은 독자들 각자의 몫이다. 익명이긴 하지만 성격은 나름 굵직하게 처리되어 있다. 보편적인 법의 정의를 시종일관 탐색하는 소크라테스의 물음에 대항하여 그는 개별적인 법'들'의 차별성과 다양성에 방점을 찍으면서, 마치 『메논』에서 줄곧 개별 덕'들'에 주목하려는 모습을 보인 메논이 그랬듯, 소크라테스와 선명하게 대립각을 세운다. 대립각을 세우긴 하지만 여전히, 문자 그대로의 의미에서 소크라테스의 '동료' 그룹에 속한 인물로 상정된다고 보는 것이 무난해 보인다. 가만히 물러선 듯하다가도 잊을 만하면 다시 자신의 개체주의적 시각을 계속해서 들이미는 이 동료의 우직함은 저자 플라톤의 의도가 과연 무엇인지에 대한 궁금증을 일으킬 만큼 철저하고 집요하다. 개별, 차이, 여럿, 부분을 한갓 극복의 대상으로 치부하면서 소크라테스식의 보편적 정의, 본질, 하나, 전체에 어느덧 익숙해져 버린 오늘 우리의 시야와 관점을 다시 한 번 되돌아보는 데 유용한 거울 노릇을 할 인물이다.

일러두기

• 기준 판본

번역의 기준 판본은 옥스퍼드 고전 텍스트(OCT) 시리즈의 해당 부분으로 삼고, 쪽수
표기도 그곳에 언급되어 있는 '스테파누스 쪽수'를 따른다(예: 313a). 거기서 언급되는
주요 사본들은 다음 사본들을 가리킨다.

  A = cod. Parisinus graecus 1807

  F = cod. Vindobonensis 55, suppl. phil. Gr. 39

• 괄호 사용

1) 둥근 괄호 ( )는 다음의 경우에 사용한다.

  (1) 괄호 안의 내용과 밖의 내용에 동일성이 성립하여 바꿔 쓸 수 있는 경우

    ① 우리말 번역어에 해당하는 한자어를 병기하거나 원어를 밝히기 위해 사용한
    다. 이때 희랍어 단어는 읽는 이의 편의를 위해 로마자로 표기한다.

    ② 제시된 희랍어(특히 희랍 신 이름)의 뜻을 밝혀 주기 위해 사용한다. 예: 카오
    스(틈)

    ③ 반대로 우리말 번역어의 희랍어 원어(특히 신 이름)를 밝혀 주기 위해서도 사
    용한다. 예: 천상의(우라니아)

  (2) 괄호 안의 내용이 밖의 내용과 바꿔 쓸 수 없는 경우

    ④ 말의 앞뒤 흐름이 끊기고 다른 말이 삽입됨으로 해서 생각의 연결이 잘 드러
    나지 않을 때 삽입된 말을 묶기 위해 사용한다. 본문이 아닌 주석 등에서 앞의
    말에 대한 상세한 설명이나 부연을 할 때도 사용한다.

    ⑤ 주석 등에서 어떤 말을 넣어서 읽거나 빼서 읽거나 둘 다가 가능한 경우에 사
    용되기도 한다. 예: (성문)법을, 꿈(의 신)이

2) 삼각 괄호 〈 〉는 사본에 없지만 보충되어야 한다고 텍스트 편집자가 판단한 내용을
표시하기 위해 사용한다.

3) 사각 괄호 [ ]는 주석 등에서 다음의 용도로 사용한다.

  (1) 문맥 이해에 도움을 줄 목적으로 옮긴이가 원문에 없는 내용을 삽입 혹은 보충

할 때 사용한다.

(2) 괄호가 중복될 때 둥근 괄호보다 상위의 괄호로 사용한다.

- 표기법

고유명사 등 희랍어 단어를 우리말로 표기할 때는 고전 시대 발음에 가깝게 표기한다. 특히 후대 희랍어의 요타시즘은 따르지 않는다. 다만 우리말 안에 들어와 이미 굳어진 것들은 관행을 존중하여 표기한다.

- 연대 표시

이 번역에 언급되는 연대는 기본적으로 기원전 연대다. 혼동의 여지가 있거나 다른 특별한 이유가 있을 때를 제외하고는 대개 '기원전'을 덧붙이지 않는다.

미노스[1] 혹은 법에 관하여[2]

소크라테스, 동료

소크라테스 법[3]은 우리에게[4] 무엇인가요?   313a

동료 법들 가운데[5] 대체 어떤 유의 법을 두고 묻는 건가요?

소크라테스 뭐라고요? 법이 법과,[6] 바로 이것에 있어서, 즉 법임에 있어서 무슨 차이라도 있나요? 이렇게 말하는 이유는 내가 당신에게 마침 묻고 있는[7] 게 무엇인지를 살펴보라는 겁니다. 마치 금이 무엇이냐고 내가 질문할 경우처럼 난 묻고 있는 거거든요. 그럴 경우에 당신이 똑같은 식으로 대체 어떤 유의 금을 말하는 거냐고 내게 질문한다면, 당신이 옳게 질문하는 게 아닐 거라고 난 생각합니다. 아마도[8] 금이 금과, 돌이 돌과,[9] 적어도 돌임   b
에 있어서, 그리고 금임에 있어서 아무런 차이가 없으니까요. 그리고 그런 식으로 아마 법도 법과[10] 아무런 차이가 없고 오히려 모든 법들이 동일한 것입니다. 그것들 각각이 똑같이[11] 법이거든요. 어떤 것은 더, 어떤 것은 덜 법인 게 아니고 말이지요. 바로 이것을 내가 묻고 있는 겁니다. 전체로서 법이 무엇인가를 말입니다. 그러니 당신이 준비가 되어 있다면 말해 주세요.

동료　그렇다면[12] 받아들여지는 것들[13] 말고 다른 무엇이 법일 수 있을까요, 소크라테스?

소크라테스　그러니까 당신은 말[14]은 말해지는 것들[15]이라거나, 봄[16]은 보이는 것들이라거나, 들음[17]은 들리는 것들이라고도 생각하는 건가요? 아니면 말과 말해지는 것들이 별개이고, 봄과 보이는 것들이 별개이며, 들음과 들리는 것들이 별개이니, 따라서 법과 받아들여지는 것들도 별개인가요? 당신은 이렇게 생각하나요, 아니면 어떻게 생각하나요?

동료　지금 내겐 별개로 보이네요.[18]

소크라테스　그렇다면 법은 받아들여지는 것들이 아니군요.

동료　아니라고 난 생각합니다.

소크라테스　그렇다면 법은 도대체 무엇일까요?[19] 그걸 다음과 같이 살펴봅시다. 방금 말해진 것들[20]에 대해 누군가가 우리에게 질문한다고 해봅시다. "보이는 것들은 봄에 의해 보인다고 당신들이 말하니까 말인데,[21] 봄이 무엇이기에 그것에 의해 그것들이 보이는 건가요?" 눈을 통해 사물들을[22] 드러내 주는 그런 감각이기에 그렇다고 우리는 그에게 대답할 겁니다. 그런데 다시 그가 우리에게 질문한다고 해봅시다. "그럼 이건 어떤가요? 들리는 것들이 들음에 의해 들리니까 말인데,[23] 들음이 무엇이기에 그런 가요?" 귀를 통해 우리에게 소리들을 드러내 주는 그런 감각이기에 그렇다고 우리는 그에게 대답할 겁니다. 그럼 그런 식으로 이제 그가 우리에게 또 질문한다고 해봅시다. "받아들여지는 것들이 법에 의해 받아들여지니까 말인데,[24] 법이 무엇이기에 그것에 의해 그것들이 받아들여지는 건가요? 일종의 감각이나 드러 냄인가요? 마치 배워지는 것들이 배워지는 게, 드러내 주는 노릇을 하는 앎에 의해서[25]인 것처럼 말입니다. 아니면 일종의 발견인가요? 마치 발견되는 것들이 발견되는 게, 예컨대 건강한[26] 것들과 병적인[27] 것들은 의술에 의해서요, 신들이 계획하는[28] 것들은, 예언자들이 말하는 대로, 예언술에 의해서인 것처럼 말입니다. 우리에게[29] 기술은 아마도[30] 사물들의 발견이니까요. 그렇지 않나요?"

동료 물론 그렇죠.

소크라테스 그렇다면 법은 이것들 가운데 특히나 무엇[31]이라고 우리가 상정할 수 있을까요?

동료 바로 이런[32] 의결들과 법령들[33]이라고 난 생각합니다. 그게 아니면 법이 달리 무엇이라고 말할 수 있을까요? 그러니까 낭

c 신이 묻고 있는, 전체로서의 이것, 즉 법은 국가의 의결인 것 같네요.

소크라테스 법이 국가적 의견이라고 당신은 말하는 것 같군요.

동료 그렇습니다.

소크라테스 아마 멋진 말이기도 할 거예요. 그런데 어쩌면 다음과 같이 해보면 우리가 더 잘 알게 되겠지요. 당신은 어떤 이들이 지혜롭다고 말하지 않나요?

동료 그렇습니다.

소크라테스 그런데 지혜로운 사람들은 지혜에 의해 지혜롭지 않나요?

동료 그렇죠.

소크라테스 그럼 이건 어떤가요? 정의로운 사람들은 정의에 의해 정의롭지요?

동료 물론이죠.

소크라테스 그런데 준법적인[34] 사람들도 법에 의해 준법적이지 않나요?

동료 그렇죠.

d 소크라테스 반면에 무법적인 사람들은 무법에 의해 무법적이지요?

동료 예.

28

소크라테스   그런데 준법적인 사람들은 정의롭지요?

동료   예.

소크라테스   반면에 무법적인 사람들은 부정의하지요?

동료   부정의하지요.

소크라테스   그런데 정의도 법도 가장 아름다운 것 아닌가요?

동료   그렇죠.

소크라테스   반면에 부정의와 무법은 가장 추한[35] 것이지요?

동료   예.

소크라테스   그리고 한쪽은 국가들과 다른 모든 것들을 보존하지만, 다른 쪽은 파괴하고 전복하지요?

동료   예.

소크라테스   그렇다면 우리는 법에 관해 그것이 뭔가 아름다운 것이라고 간주해야 하며, 또 그것을 좋은 것으로서 추구해야만 합니다.

동료   어찌 아니겠습니까?

소크라테스   그런데 법은 국가의 의결이라고 우리가 말하지 않았던가요?[36]

동료   그렇게 말했지요.   e

소크라테스   그럼 이제 어떻게 되나요? 어떤 의결들은 쓸 만하지만,[37] 어떤 의결들은 형편없지[38] 않나요?

동료   물론 그렇습니다.

소크라테스   게다가 적어도 법은 형편없지 않다고 했었지요.

동료   물론 그랬죠.

소크라테스   그렇다면 무턱대고[39] 그렇게, 법은 국가의 의결이라고 대답하는 것은 옳지 않은 거네요.

동료   내게도 그렇게 생각되네요.

소크라테스   그렇다면 형편없는 의결이 법이라는 건 어울리지[40] 않겠네요.

동료   물론 그렇겠지요.

소크라테스   하지만 법이 일종의 의견이라는 게 나 자신에게는 여전히 분명해 보입니다.[41] 그런데 그게 형편없는 의견은 아니니까, 이쯤 되면 이 점이, 즉 그게 쓸 만한 의견이라는 게 명백해진 거 아닌가요? 법이 의견이라 한다면 말이에요.

동료   그렇습니다.

소크라테스   그런데 쓸 만한 의견이란 무엇인가요? 참된 의견 아닌가요?

315a   동료   그렇죠.

소크라테스   그런데 참된 의견은 실재의[42] 발견 아닌가요?

동료   그렇습니다.

소크라테스 그렇다면 법은 실재의 발견이길 의도하는[43] 거네요.[44]

동료 그렇다면, 소크라테스, 법이 실재의 발견이라면,[45] 어째서[46] 우리가 동일한 것들에 관해서 언제나 동일한 법들을 이용하지는 않는 거죠? 우리가 바로 그 실재들을 발견해 낸 거라고 한다면[47] 말이에요.

소크라테스 그렇다고 해도 여전히,[48] 법은 실재의 발견이길 의도하는 겁니다.[49] 다만, 우리가 보기에[50] 언제나 동일한 법들을 이용하지는 않는 인간들이 법이 의도하는 것을, 즉 실재를 발견해   b
낼 능력을 언제나 갖고 있지는 않은 거죠. 이렇게 말하는 건 왠고 하니, 자, 이제부터[51] 우리에게 다음과 같은 것이 명백해질 것인지 봅시다. 우리가 언제나 동일한 법들을 이용하는지 아니면 서로 다른 때에 서로 다른 법들을 이용하는지, 그리고 우리들 모두가 동일한 법들을 이용하는지 아니면 서로 다른 사람들이 서로 다른 법들을 이용하는지가 말입니다.

동료 아니, 적어도 이건 알아내기가 어렵지 않아요, 소크라테스. 동일한 사람들이 언제나 동일한 법들을 이용하지는 않는다는 것과 서로 다른 사람들이 서로 다른 법들을 이용한다는 것 말입니다. 예컨대, 우리에게는 인간을 제물로 바치는 것이 법이 아니라 불경건한 일이지만, 카르타고인들은 자기들에게 경건하고 적법한[52] 일로 여겨 그런 제사를 지낼 뿐만 아니라, 어쩌면 당신   c

도 직접 들은 적이 있을 수도 있을 텐데,[53] 그들 가운데 일부는 심지어 자기 아들들을 크로노스에게 바치기까지 하니까요.[54] 그리고 이민족 사람들만이 우리와 다른 법들을 이용하는 것이 아니라 여기 이 뤼카이아 사람들[55]과 아타마스의 자손들[56] 또한 희랍인들이면서도 어떤 제사를 지내고 있는지 당신은 들은 적이 있을 겁니다.[57] 우리 자신들에 대해서도 당신은 아마 직접 들어 알 겁니다. 예전에 우리가 죽은 이들에 관해 어떤 법들을 이용했는지를 말이죠. 시신을 내가기 전에 제물을 미리 죽인다든지, 또 잿더미에서 뼈를 수습하여 항아리에 넣는 여인들을 불러오게 한

d 다든지 하는 것들을 말입니다. 그런가 하면 저들보다 훨씬 전 사람들은 죽은 이들을 그들이 있던 바로 그곳에, 즉 집 안에 묻었지요. 그런데 우리 자신은 이런 것들 가운데 아무것도 하고 있지 않습니다. 이런 일들은 누구라도 수없이 말할 수 있을 겁니다. 우리 자신들도 서로서로와, 그리고 모든 인간들도 그들 서로서로와, 언제나 동일한 방식으로 받아들이지[58] 않는다는 걸 논증할 수 있는 여지가 아주 많다는 겁니다.[59]

소크라테스 아주 훌륭한 이여, 사실 당신은 제대로 이야기를 하고 있는데 내가 그걸 놓친 거라 해도 전혀 놀랄 일은 아닙니다. 하지만 당신은 당신이 생각하는 것들을 당신 자신의 방식대로 긴 이야기로 말을 하고 나도 또 그렇게 하는 한, 내 생각에, 우

32

리는 결코 아무런 동의에도 이르지 못할 겁니다. 반면에 숙고[60]   e
가 공동의 것으로 설정되었다고 한다면, 아마도 우리는 합의에
이를 수 있을 겁니다. 그러니 원한다면 내게 뭔가 질문을 하면서
나와 함께 공동으로 숙고해 보세요.[61] 혹은 원한다면 다시 대답
을 하면서 해도 좋고요.

동료   아니, 소크라테스, 대답할 용의가 있습니다. 당신이 원하
는 어떤 것에 대해서든[62] 말입니다.

소크라테스   자, 그럼, 당신은 정의로운 것들이 부정의하고 부정
의한 것들이 정의롭다고 받아들이나요?[63] 아니면 정의로운 것들
은 정의롭고 부정의한 것들은 부정의하다고 받아들이나요?

동료   나로서는 정의로운 것들이 정의롭고 부정의한 것들이 부
정의하다고 받아들입니다만.

소크라테스   이곳에서 받아들여지는 것처럼 모든 사람들 사이에   316a
서도 그렇게 받아들여지지 않나요?[64]

동료   그렇죠.

소크라테스   페르시아인들 사이에서도 그렇지 않나요?

〈동료   페르시아인들 사이에서도 그렇죠.〉[65]

소크라테스   근데 분명 언제나 그렇겠죠?

동료   언제나 그렇지요.

소크라테스 그런데 이곳에서는 무게가 더 나가는 것들이 더 무겁고 덜 나가는 것들은 더 가볍다고 받아들여지나요? 아니면 그 반댄가요?

동료 아니, 그게 아니라 무게가 더 나가는 것들이 더 무겁고 덜 나가는 것들은 더 가볍다고 받아들여집니다.[66]

소크라테스 카르타고에서도 그렇고 뤼카이아에서도 그렇지 않나요?

동료 그렇죠.

소크라테스 모든 곳에서 아름다운 것들은 아름답고 추한 것들은

b 추하다고 받아들여지는 것 같아요. 추한 것들이 아름답고 아름다운 것들이 추한 게 아니고 말입니다.

동료 그렇습니다.

소크라테스 그러니까, 일반적으로 말해서, 우리들 사이에서만이 아니라 다른 모든 사람들 사이에서도, 실재 아닌 것들이 아니라 실재들이 실재한다고[67] 받아들여지는 거네요.

동료 내게는 그렇게 생각됩니다.

소크라테스 그렇다면 실재를 오인(誤認)하는[68] 사람은 누구나 적법한 것을 오인하는 거로군요.

동료   소크라테스, 당신이 이야기하는 방식대로라면, 이것들이 우리들에게나 다른 사람들에게나 언제나 적법하다고 드러나는 것이기도 합니다.[69] 하지만 우리가 법들을[70] 이렇게 저렇게 쉴 새 c 없이 바꾸고 있다는 걸 곰곰이 생각해 보면,[71] 난 설득될 수가 없네요.[72]

소크라테스   그건 아마 이것들이 장기판의 말처럼 움직여지지만[73] 실은 동일한 것들이라는 걸 당신이 곰곰이 생각하지 않아서일 겁니다. 하지만 나와 함께 그것들을 다음과 같이 살펴보세요. 아픈 사람들의 치유[74]에 관한 저술을 예전에 언젠가 접해 본 적이 있나요?

동료   있습니다.

소크라테스   그럼 이 저술이 어떤 기술에 속하는[75] 것인지 아나요?

동료   압니다. 의술에 속하지요.

소크라테스   이것들에 관해 아는 사람들을 당신은 의사라고 부르지 않나요?

동료   그렇게 부르죠.

소크라테스   그런데[76] 아는 사람들은 동일한 것들에 관해서 동일 d 한 것들을 받아들이나요,[77] 아니면 서로 다른 사람들이 서로 다른 것들을 받아들이나요?

동료   적어도 내가 보기엔 동일한 것들을 받아들입니다.

소크라테스   희랍인들만이, 자기들이 아는 것들에 관해서, 희랍인들 서로서로와[78] 동일한 것들을 받아들이나요, 아니면 이민족 사람들 또한 자기들 서로서로와만이 아니라[79] 희랍인들과도 동일한 것들을 받아들이나요?

동료   아는 사람들이라면 분명, 희랍인들이든 이민족 사람들이든,[80] 자기들 서로서로와 동일한 것들을 똑같이 받아들인다는 게 대단히 필연적이지요.

소크라테스   멋지게 대답해 주었습니다.[81] 게다가 언제나 그렇게 하지 않나요?

동료   예, 게다가 언제나 그렇게 하지요.

e   소크라테스   의사들도 치유에 관해서 자기들이 실재한다고[82] 받아들이기도 하는 바로 그것들을 저술하지 않나요?

동료   그렇죠.

소크라테스   그렇다면 의사들의 이 저술들은 치료에 관한 것들[83]이고 치료법들[84]이네요.[85]

동료   물론 치료에 관한 것들이지요.

소크라테스   그럼 농사에 관한[86] 저술들도 농사법들[87]인가요?

동료   예.

소크라테스   그럼 정원 일에 관한 저술들과 규정들[88]은 어떤 이들에게 속하는 건가요?[89]

동료   정원사들[90]에게지요.

소크라테스 그렇다면 이것들은 우리에게[91] 정원 관리법들[92]이네요.

동료 예.

소크라테스 정원들을 관리할 줄 아는 사람들에게 속하는 것이죠?

동료 어찌 아니겠습니까?

소크라테스 그런데 그 아는 사람들이란 바로 정원사들이지요?[93]

동료 예.

소크라테스 그건 그렇고, 음식 조리[94]에 관한 저술들과 규정들은 어떤 이들에게 속하는 건가요?

동료 요리사들에게지요.

소크라테스 그렇다면 이것들은 요리법들[95]이네요?

동료 요리법들이죠.

소크라테스 음식 조리를 관리할 줄 아는 사람들에 속하는 것 같 317a
네요?

동료 예.

소크라테스 그런데 그 아는 사람들이란 바로 요리사들이지요? 그들이 하는 말에 따르면[96] 말입니다.

동료 그래요. 그들이 알지요.

소크라테스 좋습니다. 그런데 말이죠, 국가의 경영에 관한 저술들과 규정들은 어떤 이들에게 속하는 건가요? 국가들을 관리할[97]

줄 아는 사람들에게 속하는 거 아닌가요?

동료 적어도 내가 보기엔 그렇습니다.

소크라테스 그런데 그 아는 사람들이란 정치술을 가진 사람들[98]과 왕의 기술을 가진 사람들 말고 다른 어떤 사람들인가요?[99]

동료 물론 이 사람들이지요.

소크라테스 그렇다면 사람들이 법들이라고 부르는 이 저술들은[100] 정치적인[101] 저술들이네요.[102] 왕들과 훌륭한 사람들의 저술들 말입니다.

b

동료 맞는 말입니다.

소크라테스 그럼 적어도 아는 사람들이라면 동일한 것들에 관해 서로 다른 때에 서로 다른 것들을 저술하지 않을 거 아닌가요?

동료 그러지 않겠지요.

소크라테스 도대체 동일한 것들에 관해 규정들을 계속 다른 것들로[103] 바꾸지도[104] 않겠지요?

동료 분명 안 그럴 겁니다.

소크라테스 그럼 우리가 어디에서고 어떤 사람들이 이런 일을 하는 걸 보게 된다면, 이런 일을 하는 사람들을 아는 사람들이라고 말할까요, 아니면 모르는 사람들이라고 말할까요?

동료 모르는 사람들이라고 해야죠.

소크라테스 우리는 또한, 옳은 것이면 무엇이든 그것이 각각에[105] 적법하다고 말하지 않을까요? 의술에 관한 것이든 요리에 관한 것이든 정원 관리에 관한 것[106]이든 말입니다.

동료 그렇지요.   c

소크라테스 반면에 옳지 않은 것이면 무엇이든 더 이상 그것이 적법하다고 말하지 않겠지요?[107]

동료 더 이상 그러지 않겠지요.

소크라테스 그렇다면 그건 무법적[108]이 되네요.

동료 그럴 수밖에요.

소크라테스 그렇다면[109] 정의로운 것들과 부정의한 것들에 관한, 그리고 일반적으로 국가의 치리[110]와 국가를 어떻게 경영해야 하는가에 관한 저술들에서도, 옳은 것은 왕에게 속한 법 아닌가요? 옳지 않은 것은 그렇지 않고요.[111] 비록 알지 못하는 사람들에게는 법으로 보일지라도 말입니다. 무법적이니까요.

동료 그렇지요.

소크라테스 그렇다면 법이 실재의 발견이라고 우리가 합의한 게 d 옳았던 거네요.

동료 그렇게 보입니다.

소크라테스 그런데 그것과 관련해서[112] 다음과 같은 것도 계속 검토해 봅시다.[113] 땅에 대해서[114] 씨앗들을 배분하는[115] 앎을 가진 사람이 누군가요?

동료 농부지요.

소크라테스 그런데 이 사람은 각 땅에 알맞은[116] 씨앗들을 배분하지요?

동료 예.

소크라테스 그렇다면 농부는 이것들의 훌륭한 배분자[117]이고, 이 사람의 법들과 배분들[118]은 이것들에 대해서 옳겠네요?

동료 그렇지요.

소크라테스 노래에 대해서, 현을 퉁겨서 낸 음들의 훌륭한 배분자, 즉[119] 알맞은 음들을 배분하는 데 훌륭한 배분자가[120] 누구이며, 또 누구의 법들이 옳은가요?

e 동료 피리 연주자[121]와 키타라 연주자의 법들이지요.

소크라테스 그렇다면 이것들에서 가장 법에 능한 사람[122]은 바로 이 사람, 피리 연주에 가장 능한 사람이겠군요.

동료 그렇지요.

소크라테스 그런데 사람들의 몸에 대해서 자양분[123]을 배분하는 데 가장 훌륭한 사람은 누군가요? 알맞은 자양분을 배분하는 바로 그 사람 아닌가요?

동료 그렇지요.

소크라테스 그렇다면 이 사람의 배분들과 법들이 가장 훌륭하며, 이것들에 관해 가장 법에 능한 사람이 가장 훌륭한 배분자이기도 하겠군요.

동료 물론입니다.

소크라테스 이 사람이 누군가요?

동료 체육 선생[124]이지요.

소크라테스 이 사람은 인간 무리를 몸의 측면에서[125] 먹여 기르는[126] 데 있어 가장 뛰어난 사람이지요?

동료 예.

소크라테스 그런데 양들의 무리를 먹여 기르는 데 있어 가장 뛰어난 사람은 누군가요? 그 사람의[127] 이름은 뭐죠?

동료 양치기[128]지요.

소크라테스 그렇다면 양치기의 법들이 양들에게는 가장 좋겠네요.

동료 예.

소크라테스 그리고 소치기의 법들은 소들에게 그렇고요.

동료 예.

소크라테스 그런데 인간들의 영혼들에게는 누구의 법들이 가장 좋은가요? 왕의 법들 아닌가요? 그러면 그렇다고 말해 보세요.[129]

동료 정말 그래요.[130]

소크라테스 그렇담 그거 멋지게 말한 겁니다.[131] 그럼 옛사람들   b
가운데 누가 피리 연주법들[132]에서 훌륭한 입법자로 판명되었는지[133] 말할 수 있겠어요?[134] 아마 마음속에 떠올리지[135] 못할지도 모르겠군요. 아니,[136] 원한다면 내가 당신에게 상기시켜 줄까요?

동료   부디 그렇게 해 주세요.

소크라테스   그럼 사람들 말마따나 마르쉬아스와 그의 소년애인인 프뤼기아 사람 올륌포스인가요?[137]

동료   맞는 말입니다.

소크라테스   바로 이 사람들의 피리 곡들 또한 가장 신적이고, 그것들만이 신들을 필요로 하는 자들을 움직여 그자들을 드러냅니다.[138] 또 그것들만이 지금까지도 계속 남아 있습니다. 신적이기 때문이지요.[139]

동료   그렇습니다.

소크라테스   그런데 옛 왕들 가운데 누가, 그의 규정들이 신적이어서 지금까지도 계속 유지될[140] 정도로, 훌륭한 입법자로 판명되었다고들 하나요?

동료   마음속에 떠올리지 못하겠네요.

소크라테스   희랍인들 가운데 어떤 사람들이 가장 오래된 법들을 이용하고 있는지 알고 있지 않나요?

동료   라케다이몬[141]인들과 입법자 뤼쿠르고스에 대해 이야기하는 건가요?

소크라테스   아니,[142] 추측건대 그건 아직 삼백 년이 채 안 된, 혹은 그보다 약간 더 된 때의 일이지요. 그건 그렇고[143] 이 규정들

가운데 가장 훌륭한 것들은 어디서 왔나요? 아세요?   d

동료   어쨌든, 말들 하기로는 크레타에서 왔다더군요.

소크라테스   그렇다면 이 사람들[144]이야말로 희랍인들 가운데서 가장 오래된 법들을 이용하고 있는 거 아닌가요?

동료   그렇지요.

소크라테스   그럼 이 사람들의 훌륭한 왕들이 누구였는지 아세요? 제우스와 에우로페[145]의 아들인 미노스와 라다만튀스지요. 이 법들이 바로 그들의 것이죠.

동료   소크라테스, 라다만튀스야 정의로운 사람이라고들 하지만, 미노스는 모종의 야만스러움을 가진 가혹하며 부정의한 사람이라던데요.

소크라테스   아주 훌륭한 이여, 비극에 나오는 아티카 설화[146]를 말하는 거로군요.

동료   뭐라고요? 이런 것들이 미노스에 관해서 이야기되는 거   e 아닌가요?

소크라테스   적어도 호메로스와 헤시오도스에게서만큼은 아니죠. 그럼에도 불구하고 그들은, 정말이지, 비극 작가들(바로 이들의 말을 듣고 당신이 이런 말들을 하고 있는 걸 텐데요.)을 몽땅 합쳐 놓은 것보다 더 설득력이 있습니다.

동료   아니,[147] 도대체 이 사람들[148]이 미노스에 관해 무슨 말을 하나요?

소크라테스　내가 당신에게 말해 줄게요. 당신도 다중들[149]처럼 불경을 범하는 일이 없게 말입니다. 이보다[150] 더 불경스러운 일이 없을뿐더러, 신들에 대해, 그리고 그다음으로는 신적인 인간들에 대해, 말로든 행동으로든 잘못을 범하는 것 말고 더 주의를 기울여야 하는 일도 없거든요.[151] 오히려 당신은 어떤 사람을 비난하거나 칭찬하려 할 때마다 매번, 혹시나 옳지 않게 말을 하게 되지나 않을까 하고[152] 사전 숙고를 대단히 많이 해야만 합니다. 쓸 만한 사람들과 형편없는 사람들을 구별하기를 배워야 하는 것도 바로 이것 때문입니다. 신은 자신과 비슷한 사람을 누군가가 비난하거나 자신과 반대 상태인 사람을 누군가가 칭찬할 때면 의분을 느끼거든요.[153] 그런데 훌륭한 사람이 전자에 해당하지요. 성스러운 돌들과 나무들과 새들과 뱀들은 있지만 성스러운 인간들은 없다고는[154] 조금도[155] 생각지 말아야 하거든요. 오히려 이 모든 것들 가운데 가장 성스러운 것은 훌륭한 인간이고, 가장 부정(不淨)한 것은 형편없는 인간입니다.[156]

　그럼 이제 미노스에 관해서도, 호메로스와 헤시오도스가 그를 어떻게 찬양하는지를 보여 줄 건데, 이건 다음을 위해섭니다. 즉, 인간의 자식인[157] 인간으로서 당신이 제우스의 아들인 영웅에 대해서 말로 잘못을 범하는 일이 없도록 하기 위해섭니다. 호메로스는 크레타에 관해서, 그 안에 인간들이 많고 "도시들이 아흔 개"[158]라고 이야기하면서, 다음과 같이 말하거든요.

"그리고 그 도시들 가운데 크노소스라는 큰 도시가 있는데, 그곳에서는 미노스가, 즉

아홉째 해에[159] 위대한 제우스와 담소를 나누는 자[160]가 왕으로 다스렸다."[161]

그러니까 이것이 미노스에 대한 호메로스의 찬양입니다. 짧게 c 이야기되긴 했지만,[162] 영웅들 가운데 단 한 사람에 대해서도 호메로스가 이 비슷한[163] 찬양을 만든 적이 없지요. 그는, 제우스가 소피스트이고 그의 이 기술[164]이 지극히 아름답다는 것을, 다른 여러 곳에서도 밝히고 있지만 특히 여기서[165] 밝히고 있거든요. 그는 이야기하기를, 미노스가 아홉째 해에 제우스와 이야기를 나누며 함께 지냈고 제우스가 마치 소피스트인 양 제우스에게 교육받으러 다녔다고 하니까요. 그러니까 이 상(賞)을, 즉 제우스에게 교육받은 일을, 호메로스가 영웅들 가운데서 미노스 외에 다른 어느 누구에게도 나누어 준[166] 적이 없다는 것, 이것은 놀라운 칭찬입니다. 또 그는 『오뒤세이아』의 초혼(招魂) 대목[167] d 에서, 라다만튀스가 아니라 미노스가 황금 왕홀[168]을 들고 재판하도록 만들었습니다.[169 / 170] 그런데 그는 여기서[171] 라다만튀스가

재판하도록 만들지 않았을뿐더러, 그 어디에서도 라다만튀스가 제우스와 함께 지내는 것으로 만든 적이 없습니다. 이 때문에 나는 모든 것들 가운데[172] 미노스가 호메로스에게서 가장 크게 찬양받은 거라고 주장합니다.

제우스의 아들이면서 제우스에게서 교육받은 유일한 자라는 것은 더 이상 뛰어날 수 없는 칭찬이거든요. 이 시행, 즉

"아홉째 해에 위대한 제우스와 담소를 나누는 자가 왕으로 다스렸다."[173]

e 라는 시행은 미노스가 제우스의 동반자[174]라는 것을 의미하니까요.[175] '담소'는 이야기이고, '담소를 나누는 자'는 이야기를 나누며 지내는 동반자거든요. 그러니까 미노스는 9년 간격으로 제우스의 동굴을 드나들었는데, 한편으로는 어떤 것들을 배우기 위해, 그리고 다른 한편으로는 어떤 것들을, 즉 이전 9년 기간에 제우스에게서 배운 것들을 과시하기[176] 위해서였지요. 그런데 '담소를 나누는 자'란 제우스의 술친구요 놀이친구라고 상정하는[177] 사람들도 있습니다. 하지만 누군가는 이렇게 상정하는 사람들이 터무니없는 이야기를 하고 있다는 것을 보여 주는 증거로 다음과 같은 것을 이용할 수도 있을 겁니다. 즉, 희랍인들이든 이민족 사람들이든 막론하고 사람들이 많지만, 그들 가운데서 술잔

320a

46

치라든지[178] 포도주가 있는 이 놀이를 멀리하는 사람들은 크레타인들 말고, 또 그다음으로 크레타인들에게서 배운 라케다이몬인들 말고 달리는 아무도 없습니다. 그런데 크레타에서는 미노스가 제정한 법들 가운데 하나로 이것, 즉 취할 때까지 서로와 더불어 술을 마시지 말라고 하는 법이 있습니다. 그러니까[179] 그는 자기가 아름답다고 받아들이던[180] 것들을 자기 시민들에게도 규정들[181]로 제정해 주었음이 분명합니다. 미노스가, 보잘것없는 인간이 꼭 그러는 것처럼, 자기가 받아들이던 것들은 따로 있고   b
행할 때는 자기가 받아들이던 것들과는 다른 것들을 행하지는 않았을 게 틀림없으니까요. 그게 아니라 그의 이 교제는, 내가 말한 대로, 이야기들을 통해 덕으로 교육하기 위한 것이었지요. 바로 그것 때문에 그는 자기 시민들에게 이 법들을 제정해 준 것이기도 합니다. 그 법들 때문에 크레타도 언제나[182] 행복하고, 라케다이몬도 그 법들을 이용하기 시작한 때부터 행복합니다. 그 법들이 신적이기 때문이지요.

라다만튀스도 물론 훌륭한 사람이었습니다. 미노스에게서 교육을 받았거든요. 하지만 왕의 기술 전체를 교육받은 것이 아니라 왕의 기술을 보조하도록 교육받았지요.[183] 법정에서의 일을   c
관장할 수 있을 만큼 말입니다. 그가 훌륭한 재판관이라고 이야기된 것도 그 때문이지요. 미노스가 그를 시내를 관할하는 법 수호자로 삼았거든요. 나머지 크레타 지역의 일들은 탈로스에게 맡겼고요. 탈로스가 시골 마을들을 일 년에 세 번씩 돌아다녔거든요. 청동 서판에 쓴 법들을 지닌 채 그 마을들에서 법들을 수호하면서 말입니다. 그래서 그는 '청동의' 탈로스라고 불리게 되었지요.[184]

그리고 헤시오도스도 미노스에 대해 이것들과 유사한 것들을 d 말한 바 있습니다. 그의 이름을 언급하고 나서 이렇게 말하거든요.

> 그는 가사적인 왕들 가운데 가장 왕다웠으며,
> 누구보다도 많은 주변 지역 사람들을 지배했다.[185]
> 제우스의 왕홀을 쥐고서 말이다. 그것을 가지고 그는 도시들도 왕으로 다스렸다.[186]

그리고 이 사람이 말하는 제우스의 왕홀이란 다름 아닌 제우스의 교육을 가리킵니다. 그것을 가지고 그가 크레타를 통치한[187] 거죠.

동료   그럼, 소크라테스, 미노스가 교육 못 받은 가혹한 어떤 사e 람이라는 이 소문은 도대체 무엇 때문에 퍼진 걸까요?
소크라테스   아주 훌륭한 이여, 당신도 건전한 정신을 갖고 있다면,[188] 그리고 다른 어느 누구라도 좋은 평판을 얻는 일에 신경 쓰는 사람이라면 누구든, 주의를 기울일 그런 일 때문이지요. 시에 능한[189] 사람 어느 누구에게도 결코 미움을 사지 말라는 것 말입니다. 시인들은, 사람들을 향해[190] 둘 중 어느 방향으로 그들이 시를 만드느냐[191]에 따라서, 즉 칭송하는 쪽으로 하냐 비방하는[192] 쪽으로 하냐에 따라, 평판과 관련해서 큰 권력을 행사하거든요.[193] 이게 바로 미노스가 범한 잘못이기도 합니다.[194] 우리의 이 나라에, 즉 여타의 지혜도 풍부하지만 특히나 온갖 종류의 시인들이 있는, 게다가 다른 시를 짓는 시인들도 있지만 특히나 비극을 짓는 시인들이 있는 우리의 이 나라에 그는 전쟁을 걸었거든요.[195] 그런데 비극은 이곳에서 오래된 것입니다. 사람들이 생각하는 것처럼 테스피스에게서 시작된 것이 아니고 프뤼니코스에게서 시작된 것도 아닙니다.[196] 오히려, 당신이 곰곰이 생각해 볼 요량만 있다면, 그것이 이 국가의 아주 오래된 발명품[197]이라는 걸 발견하게 될 겁니다. 그런데 시 중에서도 비극은 대중에게 즐거움을 가장 많이 주는 것[198]이자 영혼을 가장 많이 매혹시키는 것입니다. 우리가 몸소 나서서 미노스를 도마에 올려놓고,[199] 그가 예의 저 조공(朝貢)[200]을 바치라고 우리를 다그쳤던 일들에 대해 앙갚음을 하는 것도 바로 이 비극에서지요. 그러니까 이것이 미노스가 범한 잘못입니다.[201] 우리의 미움을 샀거든요. 바로 이것 때문에, 당신이 묻고 있던 것처럼,[202] 그가 평판이 더 나빠진 겁니다. 그가 훌륭하고 준법적이었다는 것, 즉 앞에서도 우리가 이야기를 하고 있었던 것처럼 훌륭한 배분자[203]였다는 것에 대해서만큼은 다음과 같은 것이 가장 큰 증거니까 하는 말입니다.[204] 즉, 그의 법들은 부동(不動)[205]이라는 것 말입니다. 그가 국가 경영에 관해서[206] 실재의 진상(眞相)[207]을 잘 발견해 냈기 때문이죠.

동료 소크라테스, 내가 보기에 당신이 한 그 이야기[208]는 그럴법한 것 같습니다.

소크라테스 내가 진실을 말하고 있다면, 당신은 미노스와 라다만튀스의 동료 시민들인 크레타인들이 가장 오래된 법들을 이용한다고 생각하지 않나요?

동료 그런 것 같네요.

소크라테스 그렇다면 이들이야말로 옛 사람들 가운데 가장 훌륭한 입법자들, 즉 사람들의 배분자들[209]이자 목자들[210]이었던 거네요. 호메로스도 훌륭한 장군은 "백성들의 목자"[211]라고 말했던 것처럼 말입니다.

동료 물론 그렇습니다.

소크라테스 자, 그럼 우정의 신 제우스에게 걸고 말합니다. "몸에게 훌륭한 입법자이자 배분자는 몸에 대해 어떤 것들을 배분함으로써 몸을 더 좋게 만드는데, 이때 그 어떤 것들이란 뭔가요?" 하고 누군가가 우리에게 질문한다고 해 봅시다. 아름다우면서도 짤막하게 대답하려고 하면 우리는 이렇게 말할 겁니다. 자양분[212]과 고된 일이라고, 전자를 가지고는 키우고 후자를 가지고는 바로 그 몸 자체를 단련시키며 튼튼하게 한다고 말입니다.

동료 그건 그야말로 옳은 말일 겁니다.

소크라테스 자, 그렇다면 그다음으로 그가 우리에게 질문한다고   d
해 봅시다. "그런데 훌륭한 입법자이자 배분자가 영혼에 대해 어떤 것들을 배분함으로써 영혼을 더 좋게 만드는데, 이때 그 어떤 것들이란 도대체 뭔가요?" 하고 말이죠. 우리가 우리 자신들만이 아니라 우리 자신들의 나이에도 부끄럽지 않으려면, 뭐라고 대답해야 할까요?

동료 이건 내가 더 이상 말할 수가 없네요.

소크라테스 하지만 실로 우리 두 사람 각자의 영혼에게 다음과 같은 건 그야말로 부끄러운[213] 일입니다. 영혼이 몸과 여타의 것들에 속한 것들에 대해서는 벌써 숙고를 끝냈으면서, 정작 영혼 안의 것들에 대해서는, 즉 영혼에게 좋은 것도 보잘것없는 것도 다 영혼 안의 그것들에 달려 있다[214]고 할 때의 그것들에 대해서는[215] 알지 못하는 것으로 드러난다는 것이 말입니다.[216]

주석

1 『미노스』(MINŌS) : 미노스는 크레타의 창건자이며 아테네와 악연이 있었다고 하는 전설 속 인물이다. 그의 이름을 작품 제목으로 삼은 이 작품에 따르면 그를 둘러싼 이야기가 두 부류로 나뉘는데, 한쪽은 가혹한 폭군에 제국주의적 면모를 지녔다는 전승이고, 다른 한쪽은 아버지 제우스에게서 직접 영감을 받아 법을 만들고 다스린 위대한 입법자였다는 전승이다. 다른 전거들로는 플라톤 『법률』 624~625, 706 등이나 플루타르코스 『테세우스』 15~16, 스트라본 『지리지』 10.4.8, 19, 시칠리아의 디오도로스 4.60, 5.78 등이 참고할 만하다.

2 혹은 『법에 관하여』(ē PERI NOMOU) : 작품 『미노스』에는 "혹은 『법에 관하여』"라는 부제가 덧붙어 있고, 그것 외에도 "정치적"(politikos)이라는 대화편 장르 구분 명칭이 따라 붙기도 한다. 지난 세기 후반까지도 대체로 그로트(G. Grote 1888), 프리들랜더(P. Friedländer 1928), 쇼리(P. Shorey 1933)나 모로우(G.R. Morrow 1960) 등 진작론 그룹에 비해 램(W.R.M. Lamb 1927), 거드리(W.K.C. Guthrie 1975, 41쪽), 허친슨(D.S. Hutchinson 1997) 등 위작론자들의 목소리가 상대적으로 더 컸다고 할 수 있다. 그러나 지난 세기 말부터 분위기가 반전되어 세기를 넘

어오면서는 대체로 진작론이 주류를 이루는 분위기다. 몇몇 예만 든다 해도, 팽글(T. Pangle 1987), 콥(W. Cobb 1988), 로우(C. Rowe 2000), 루이스(V. Lewis 2006), 루츠(M. Lutz 2010), 토마슨(S. Thomason 2015), 알트만(W.H.F. Altman 2016), 프리우(A. Priou 2018) 등이 그렇다. 최근에는 이 작품에 대한 논의 자체도 늘어났지만, 위작론을 내세우거나 전제하는 논자는 내가 아는 한 거의 없으며, 오히려 아예 거론조차 없이 진작임을 전제하는 경우가 대부분이다. 가장 최근의 예로는 골드버그(R. Goldberg 2019)를 들 수 있겠다.

3 법(ho nomos) : '법' 대신 '관습', '관행' 등으로 새겨 읽는 것이 더 자연스러운 맥락들도 있고 복수의 경우에는 '법률들'이 편할 경우도 있지만, 편의상 아주 예외적인 경우들 외에는 대체로 '법'으로 통일하여 옮기기로 한다.

4 우리에게(hēmin) : '우리가 보기에', '우리 입장에서'로 새길 수도 있고, '우리에게 있는', '우리에게 적용되는'으로 새길 수도 있다. 그리고 이때의 '우리'가 '우리 아테네인들'일 수도 있고 혹은 동료의 출신지에 따라 '우리 희랍인들'일 수도 있으며(물론 320e 등 이 작품 곳곳의 표현과 분위기들을 미루어 볼 때, 그리고 다른 플라톤 작품들의 사례들을 고려할 때. 여기 동료로 설정된 인물은 아무래도 아테네인일 가능성이 높다), 아예 '우리 인간들'일 수도 있다. 동료는 그런데 이어지는 대화에서 '우리'의 애매성보다 '법'의 애매성에 주목하고 있어 흥미롭다.

5 법들 가운데(tōn nomōn) : 'tōn nomōn' 대신 'ton nomon'으로 읽는 유포본(vulgata)을 따라 읽을 경우에는 여기 이 질문을 '그 법이라는 게 대체 어떤 유의 법을 두고 묻는 건가요?'로 새길 수 있다.

6 법이 법과(nomos nomou) : 즉, 어떤 법이 다른 어떤 법과.

7 마침 묻고 있는(tynchanō erōtōn) : '마침'은 생략하고 읽어도 좋은 관용 어법에 속하는 표현으로 볼 수도 있다.

8 아마도(pou) : 혹은 '내가 보기에는'. 다음 문장의 '아마'도 마찬가지.

9 금이 금과(chrysos chrysou), 돌이 돌과(lithos lithou) : 즉, 어떤 금이 다른 어

떤 금과, 어떤 돌이 다른 어떤 돌과.

10 아마(pou) 법도 법과 : 즉, 아마(/내가 보기에는) 어떤 법도 다른 어떤 법과.

11 똑같이(homoiōs) : 혹은 '똑같은 정도로'.

12 그렇다면(oun) : 혹은 '그런데'.

13 받아들여지는 것들(ta nomizomena) : 혹은 '관습화되어 있는 것들', '확립되어 있는 것들', '통용되는 것들'로 옮길 수도 있다. 여기서 중요한 것은 '법'으로 옮긴 '노모스'(nomos)와 '받아들여지는 것들'로 옮긴 '노미조메나'(nomizomena)가 동근어라는 점이다. 아래에서 유비를 위해 열거되는 말, 봄, 들음의 사례에서도 모두 동근어를 사용한 논의가 이루어지고 있다. 이 작품을 읽으면서 '받아들여진다'는 말이 나올 때에는 '법/관습으로' 내지 '규범으로/적절하다고' 정도가 앞에 생략된 것으로 받아들이는 것이 도움이 될 수 있겠다.

14 말(logos) : 혹은 '이야기'. 혹은 '언어(작용)'.

15 말해지는 것들(ta legomena) : 혹은 '이야기되는 것들'.

16 봄(opsis) : 혹은 '시각(작용)'. 이하 마찬가지.

17 들음(akoē) : 혹은 '청각(작용)'. 이하 마찬가지.

18 별개로 보이네요(ephanē). : 혹은 '별개임이 드러났네요/분명해졌네요.'

19 무엇일까요?(ti … an eiē) : 혹은 '무엇일 수 있을까요?'

20 방금 말해진 것들(ta nyndē legomena) : 우리말로는 '방금 이야기된 것들'로 옮기는 게 더 자연스러울 수도 있지만, 앞에서 거론되어 주목되고 있는 표현이기도 하므로 통일성을 살려 옮기기로 한다. 이것이 의식적인 언급이라면, 말과 말해지는 것들에 관한 앞서의 논의를 빗댄 언어유희일 수 있다.

21 당신들이 말하니까 말인데(epeidē … phate) : 혹은 '당신들이 말할 때'.

22 사물들을(ta pragmata) : 혹은 '사태들을', '물상들을'. 사본들(A, F)의 'ta pragmata' 대신 'hēmin ta chrōmata'로 읽는 유포본을 따라 읽는다면, '우리에게 색깔들을'로 새길 수 있다.

23 들리니까 말인데(epeidē … akouetai) : 혹은 '들릴 때'.

24 받아들여지니까 말인데(epeidē … nomizetai) : 혹은 '받아들여질 때'.

25 드러내 주는 노릇을 하는 앎에 의해서(dēlousei tēi epistēmēi) : 혹은 '앎이 드러나 줌에 의해서'.

26 건강한(hygieina) : 혹은 '건강에 좋은', '건강에 속한', '건강에 관련된'.

27 병적인(nosōdē) : 혹은 '병약한', '병을 일으키는'.

28 계획하는(dianoountai) : 혹은 '의도하는', '마음먹은'.

29 우리에게(hēmin) : 서두의 '우리에게' 및 그 주석을 참고할 것.

30 아마도(pou) : 혹은 '분명', '내가 보기에는'.

31 무엇(ti) : 혹은 '어느 것'.

32 이런(tauta) : '이런' 대신 '이것들, 즉'으로 옮길 수도 물론 있다. 그러나 여기서는 지금 두 사람이 하고 있는 일을 가리키기 위해 '이런'이라고 말하는 것으로 보인다. 뒤의 두 단어를 보다 공적이고 포괄적인 맥락까지 고려하여 '의결'과 '법령'으로 옮기지만, 지금 서로 대화를 통해 '의견 제시'(일종의 투표) 및 '의사 결정'을 하고 있는 두 사람에게도 잘 적용되는 표현이다. 스코필드(M. Schofield 1997)는 "의결들과 법령들 자체"(the resolutions and decrees themselves)로 옮긴다(1309쪽). 사본을 그대로 두는 한 받아들이기 어려운 번역이다.

33 의결들(dogmata)과 법령들(psēphismata) : 의견/판단/소신, 결의/결정/법령 등을 뜻하는 '도그마'(dogma)에 들어 있는 기본 의미는 해당 결정 주체의 의사 결정이 이루어졌다는 것이고, 다수표에 의해 통과된 제안, 특히 민회를 통과한 법령을 가리키는 '프세피스마'(psēphisma)에 들어 있는 기본 의미는 해당 결정 대상이 투표로 결정되었다는 것이다. 대답의 취지는 그러니까 '투표에 의한 이런 의결 내지 결정 사항들'이 법이라는 말이다.

34 준법적인(nomimoi) : 혹은 '법적인', '법을 따르는', '법에 맞는'. 내용과 문맥으로 보아 '법을 가진', '법의 영향을 받는'의 뜻으로 보인다.

35 가장 추한(aischiston) : 혹은 '가장 수치스러운', '가장 비천한'. 다른 곳에

서도 마찬가지.

36 법은 국가의 의결이라고 우리가 말하지 않았던가요? : 여기서 소크라테스는 자신이 수정안으로 제시했던 '의견'이 아닌 원래 동료의 제안인 '의결'로 합의 내용을 정리하고 있다.

37 쓸 만하지만(chrēsta) : 혹은 '쓸모 있지만', '훌륭하지만'. 다른 곳에서도 마찬가지.

38 형편없지(ponēra) : 혹은 보다 일반적인 어휘로는 '나쁘지'. 다른 곳에서도 마찬가지.

39 무턱대고(haplōs) : 혹은 '단순히'.

40 어울리지(harmottoi) : 혹은 '적절치'.

41 법이 일종의 의견이라는 게 나 자신에게는 여전히 분명해 보입니다 (kataphainetai). : 동료가 제시한 '의결'을 놓고 함께 검토해 왔는데, 여기서 소크라테스는 다시 자신이 제시한 '의견'으로 검토 대상을 슬쩍 바꿔 놓고 있다.

42 실재의(tou ontos) : '실재' 대신 '있는 것', '…인 것', '진상', '실상' 등으로 옮길 수도 있다. 번역어에 완전히 만족스럽다 할 수는 없지만, 순전히 이해와 활용의 편의를 고려하여 '실재'로 옮기기로 한다. '진짜 …인 것' 정도의 의미로 받아들이면 좋겠다.

43 의도하는(bouletai) : 혹은 '원하는/바라는', '꾀하는', '뜻하는', '의미하는', '자처하는'. 아래에서도 마찬가지.

44 그렇다면 법은 실재의 발견이길(tou ontos einai exeuresis) 의도하는(bouletai) 거네요. : 혹은 '그렇다면 법이 의도하는 건 실재의 발견임이네요.'

45 법이 실재의 발견이라면 : 동료는 의도적으로 소크라테스의 제안(즉, '법은 실재의 발견이길 의도한다')에서 '의도한다' 부분을 빼는 방향으로 접근한다. 마침 그 단어를 '뜻한다/의미한다'로 새길 경우에는 이런 생략이 정당한 것일 수 있다. 그러나 아래 315b1~2에서 소크라테스가 다시 "법이 의도하는 것을, 즉 실재를"이라고 언급하는 대목은 동료의 이런 접근과는 상당히 거리가 있는 언급이라 할 만하다.

46 어째서(pōs) : 혹은 '어떻게'.

47 우리가 바로 그 실재들을 발견해 낸 거라고 한다면 : 직역하면 '바로 그 실재들이(ta onta ge) 우리에 의해서/우리에게 발견되어 있는(hēmin exēurētai) 거라고 한다면'이 된다. '그래야 할 것 같은데'쯤의 말이 뒤에 생략되었다고 보면 된다. '바로 그 실재들을' 대신 '실재들을 정말로'로 옮기는 것도 가능하다.

48 여전히(ouden hētton) : 직역하면 '조금도 덜하지 않게'.

49 법은 실재의 발견이길 의도하는 겁니다. : 혹은 '법이 의도하는 건 실재의 발견임입니다.'

50 우리가 보기에(hōs dokoumen) : '우리도 그런다고 보이는 것처럼'으로 옮길 수도 있다.

51 이제부터(enthende) : 혹은 '이것으로부터'. 뒤에 '살펴봄으로써'쯤을 넣어 새기면 더 자연스러워진다.

52 적법한(nomimon) : 혹은 '법적인'. 앞에서 사람에게 쓰일 때는 '준법적인'으로 옮기던 말이다.

53 어쩌면 당신도 직접 들은 적이 있을 수도 있을 텐데 : 'kai sy'로 읽은 파리 1642 사본을 따라 읽었다. A 사본을 따라 'sy'로 읽으면 '당신도' 대신 '당신은'으로 새기게 되어 크게 달라지지 않지만, 'kai ouk'으로 읽은 F 사본을 따르면 반대 의미로 '어쩌면 당신은 직접 들은 적이 없을 수도 있을 텐데'가 된다.

54 우리에게는 인간을 제물로 바치는 것이 법이 아니라 불경건(anosion)한 일이지만, 카르타고인들은 자기들에게 경건하고(hosion) 적법한(nomimon) 일로 여겨 그런 제사를 지낼 뿐만 아니라, 어쩌면 당신도 직접 들은 적이 있을 수도 있을 텐데, 그들 가운데 일부는 심지어 자기 아들들을 크로노스에게 바치기까지 하니까요. : 신화에 따르면, 제우스의 아버지인 크로노스는 아버지 우라노스에 대항하는 반란을 자매 형제들('티탄들')과 주도함으로써 권좌를 차지했다. 그 역시 아들에 의해 자리를 빼앗기리라는 예언이 실행되는 것을 막기 위해 자식들을 모두 먹어 버렸지만, 아내 레아가 제우

스를 숨겨 줌으로써 결국 살아남은 제우스가 그 예언을 성취하게 된다. (헤시오도스 『신통기』131~138, 207~210, 453~506, 629~735 등을 참고할 것.) 시칠리아의 디오도로스는 카르타고인들이 어떻게 크로노스를 기리면서, 또 모방하면서 자기들의 가장 고상한 아들들을 희생 제물로 바쳤는지를 묘사한다(20.14).

55 **여기 이 뤼카이아 사람들**(hoi en tēi Lykaiāi houtoi) : 뤼카이아(Lykaia)는 고대 아르카디아 시골 지역에서 가장 높은 곳이자 제우스의 출생지로 상정되는 곳 가운데 하나인 뤼카이온(Lykaion) 산('늑대 산'이라는 뜻) 부근의 마을이다. 뤼카이온 산비탈에서 비밀 제의를 포함한 축제가 고대에 열렸는데, 그 축제도 '뤼카이아'(Lykaia)라 부른다. 설화에 따르면, 이 산에서 뤼카온이 제우스에 대한 제의를 지내면서 한 소년(아마도 그의 아들 중 하나)을 희생 제물로 바쳤다고 한다. 이 제사에 분노한 제우스가 벌을 내렸지만, 주민들은 그런 관행을 계속 유지하여 9년마다 한 소년을 제물로 바치고 그의 살을 먹었다고 전해진다. 뤼카이아에 사는 사람들을 '여기 이 사람들'(houtoi)이라고 지칭하는 것은 뤼카이아가 지리적으로 가까운 곳이어서라거나 옆에 그곳 사람이 있어서라기보다는 '이민족 사람들'(barbaroi)에 대비하여 희랍인들을 가깝게 여기고 사용하는 어법이라고 보아야 할 것이다.

56 **아타마스의 자손들** : 헤로도토스 『역사』7.197에 보면, 아카이아 프티오티스(고대 테살리아의 지역으로서 프티아의 아카이아라는 뜻)의 알로스(혹은 원래 이름으로는 할로스)라는 마을에 도착한 크세륵세스가 길잡이들에게서 그 지역의 전설과 관행에 대해 듣게 된다. 그가 들은 그 이야기에 따르면, 아이올로스(나중에 테살리아로 불리게 되는 아이올리아의 왕)의 아들 아타마스가 후처인 이노의 감언이설에 속아 전처 소생인 프릭소스를 죽이려 했고, 이 부정(不淨)을 씻기 위해 아카이아인들이 신탁에 따라 아타마스를 희생 제물로 삼으려 할 때 프릭소스의 아들 퀴티소로스가 조부를 구해 주었다고 한다. 그 일이 신의 노여움을 사서 퀴티소로스의 자손들이 벌을 받게 되는데, 이들 가운데 장자가 평의회 장소에

들어오는 것이 금지되었고, 들이왔을 경우에는 제물로 바쳐지게 되었다고 한다. 소포클레스의 소실된 비극들 가운데에도 이 아타마스에 관해 다룬 작품이 있었다고 한다.

57 어떤 제사를 지내고 있는지 당신은 들은 적이 있을 겁니다. : 혹은 '그들이 지내고 있는 그런 제사를 지낸다는 걸 당신은 들은 적이 있을 겁니다.'로 옮길 수도 있다.

58 받아들이지(nomizomen) : 혹은 '믿지', '생각하지'. 내용상 '법/관습을 받아들이지/이용하지'의 뜻일 것이다.

59 논증(tēs apodeixeōs)할 수 있는 여지가 아주 많다는 겁니다(pollē ··· eurychōria). : 혹은 '논증할 수 있는 여지가/수단이 아주 많거든요.'

60 숙고(to skemma) : 혹은 '탐구'.

61 공동으로(koinēi) 숙고해(skopei) 보세요. : 혹은 '공동으로 탐구해 보세요.' 여기 이 맥락에서 메타 논의를 통해 강조되는 '공동의 숙고'는 『크리톤』 46c6~d7의 메타 논의에서 강조되는 '공동의 숙고'(episkepsasthai ··· koinēi : 46d5)와 단어나 생각이 아주 유사하다. 『크리톤』의 또 다른 메타 논의인 49d3~e2에서 부각되는 '공동의 숙의/조언'(koinē boulē : 49d3~4)도 마찬가지다.

62 당신이 원하는(boulei) 어떤 것에 대해서든 : 혹은 '당신이 원하는 것이 무엇이든'.

63 받아들이나요(nomizeis) : 혹은 '믿나요'나 '생각하나요'로 옮길 수도 있다. '노모스'(nomos)와 동근어인 '노미제인'(nomizein)이 사용되고 있다. 지금 이 맥락에서는 이 점을 드러내기 위해 이렇게 옮겼다.

64 이곳에서 받아들여지는(nomizetai) 것처럼 모든 사람들 사이에서도 그렇게 받아들여지지 않나요? : 혹은 '모든 사람들 사이에서도 그렇게 이곳에서 받아들여지는 것처럼 받아들여지지 않나요?'로 옮길 수도 있다.

65 〈동료 : 페르시아인들 사이에서도 그렇죠.〉 : 사본들(A, F)에는 이 부분이 없는데, 유포본에는 덧붙어 있다. 물론 동료가 그냥 대답 없이 침묵하고 있었을(즉, 그랬다고 저자가 썼을) 가능성도 배제할 수 없다.

66 아니, 그게 아니라 무게가 더 나가는 것들이 더 무겁고 덜 나가는 것들은 더 가볍다고 받아들여집니다. : F 사본을 따라 읽었는데, '받아들여집니다' 부분은 생략되어 있지만 넣어 새긴 것이다. F 사본과 달리 생략 부분들 (즉, 'nomizetai enthade')을 밝혀 주는 독법을 전하는 A 사본을 따른다면 '아니, 그게 아니라 이곳에서는 무게가 더 나가는 것들이 더 무겁고 덜 나가는 것들은 더 가볍다고 받아들여집니다.'로 새기게 된다. 두 사본 의 이런 차이가 이해에 특별한 차이를 가져오는 것은 아니다.

67 실재 아닌 것들(ta mē onta)이 아니라 실재들(ta onta)이 실재한다(einai)고 : 혹 은 '실재하지 않는 것들이 아니라 실재하는 것들이 실재한다고', 혹은 전통적인 번역어를 취하여 '있지 않은 것들이 아니라 있는 것들이 있다 고'나 '…이지 않은 것들이 아니라 …인 것들이 …이다고'로 옮길 수도 있다.

68 오인(誤認)하는(hamartanēi) : 혹은 '맞추지/도달하지 못하는', '빗맞히는', '놓치는'.

69 이것들(tauta)이 우리들에게나 다른 사람들에게나 언제나 적법하다고 드 러나는(phainetai) 것이기도 합니다. : OCT를 따라 A 사본의 독법 'kai phainetai tauta'로 읽었다. '드러나는'(phainetai)은 '나타나는'이나 '보이 는'으로 옮길 수도 있다. F 사본의 'tauta phainetai kai'는 대동소이하 고, Basileensis altera 사본을 따라 'tauta phainetai'로 읽으면 '우리들 에게나 다른 사람들에게나 언제나 동일한 것들이 적법하다고 드러납니 다.'로 옮길 수 있다. 실은 이쪽이 더 쉽게 읽히지만, 원래의 텍스트는 내가 읽는 것처럼 더 어렵게 되어 있었을 가능성이 높다. 참고로, 주요 번역들 가운데서는 램(1927, 316~317쪽)과 팽글(1987, 58쪽)은 쉬운 독 법을 택하고 스코필드(1997, 1311쪽)만 어려운 독법을 택했다. 그리고 소크라테스가 받아서 하는 말에 나오는 '이것들'도 여기 '이것들'과 어 떤 식으로든 연결된다고 보는 것이 자연스럽다. 결국 '이것들'이 가리 키는 것은 무엇일지 생각해 보는 것은 읽는 이의 몫이다.

70 법들을(tous nomous) : 혹은 '이 법들을'.

71 곰곰이 생각해 보면(ennoēsō) : 혹은 '염두에 두면'이나 '숙고해 보면'. 아래에서도 마찬가지.

72 난 설득될 수가 없네요(ou dynamai peisthēnai). : 이 표현은 『히파르코스』 229e에 그대로 등장한다. '설득될'(peisthēnai)은 '확신할'이나 '수긍할'로 옮길 수도 있다.

73 이것들(tauta)이 장기판의 말처럼 움직여지지만(metapetteuomena) : '이것들이 장기판의 말처럼 움직여지지만[/움직여질 때]' 대신 다소 의역하여 '이것들을 우리가 장기판의 말처럼 움직이지만[/움직일 때] 이 말들이' 혹은 '우리가 장기판에서 이 말들을 움직일 때 이 말들이'로 옮길 수도 있다.

74 치유(hygieias) : 혹은 이 단어의 통상 번역어로는 '건강'. 아래(316d9)에서도 마찬가지.

75 어떤 기술에 속하는(tinos technēs) : 혹은 '어떤 기술에 대한'. 아래에서도 마찬가지.

76 그런데(oun) : 혹은 '그럼'.

77 받아들이나요(nomizousin) : 혹은 '믿나요', '생각하나요'.

78 희랍인들 서로서로와 : 혹은 좀 더 자연스럽게는 '희랍인들끼리만'.

79 자기들 서로서로와(hautois)만이 아니라 : 혹은 '자기들끼리만이 아니라'.

80 희랍인들이든 이민족 사람들이든 : 혹은 '희랍인들만이 아니라 이민족 사람들까지도'.

81 멋지게(kalōs) 대답해 주었습니다. : 소크라테스가 이렇게 선명하게 칭찬하는 건 여기가 처음이다. 앞서 314c4에서는 '아마'(isōs)라는 한정이 붙어 있었고, 엄밀히 말해 칭찬인지가 선명하지는 않았다.

82 실재한다(einai)고 : 혹은 '실재라고'.

83 치료에 관한 것들(iatrika) : 혹은 '의술/의료적인 것들', '의술/의료적'. 아래에서도 마찬가지.

84 치료법들(iatrikoi nomoi) : 혹은 '의술/의료적인 법들'.

85 치료에 관한 것들이고(kai) 치료법들이네요. : '치료에 관한 것들, 즉 치료

법들이네요'로 옮길 수도 있다.

86 농사에 관한(geōrgika) : 혹은 '농업적인'. 팽글(1987, 59쪽)에 따르면, 덜 중요시되는 두 사본에는 '농사에 관한/농업적인'(geōrgika) 대신 '기하학에 관한/기하학적인'(geōmetrika)이 등장한다.

87 농사법들(geōrgikoi nomoi) : 혹은 '농업적인 법들'. F 사본대로 읽었다. A 사본에는 '농사(에 관한)/농업적인'(geōrgikoi)이라는 단어가 탈락되어 있다.

88 규정들(nomima) : 혹은 '관행들'.

89 그럼 정원 일에 관한 저술들(syngrammata)과 규정들(nomima)은 어떤 이들에게 속하는(tinōn) 건가요? : '규정들'(nomima)이 슬쩍 추가되었다.

90 정원사들(kēpourōn) : 혹은 보다 직역에 가깝게는 '정원지기들'.

91 우리에게(hēmin) : 혹은 '우리의'.

92 정원 관리법들(kēpourikoi … nomoi) : 혹은 '정원 일에 관한 법들', '원예적인 법들'.

93 그런데 그 아는(epistantai) 사람들이란 바로 정원사들이지요? : 스코필드(1997, 1312쪽)처럼 의문문으로 고쳐 읽었다. OCT대로 읽으면 '그런데 그 아는 사람들이란 바로 정원사들이지요.'가 된다.

94 음식 조리(opsou skeuasias) : 혹은 직역에 가깝게는 '요리 마련'.

95 요리법들(mageirikoi … nomoi) : 혹은 '요리/조리에 관한 법들'.

96 그들이 하는 말에 따르면(hōs phasin) : 혹은 '사람들이 하는 말에 따르면'.

97 관리할(archein) : 혹은 '다스릴'.

98 정치술을 가진 사람들(hoi politikoi) : 혹은 '정치가들'.

99 그런데 그 아는 사람들이란 정치술을 가진 사람들(hoi politikoi)과 왕의 기술을 가진 사람들(hoi basilikoi) 말고 다른 어떤 사람들인가요? : 정치가의 기술과 왕의 기술을 동일시하는 『에우튀데모스』 291b~d, 『정치가』 258e~259d 등의 논의, 그리고 이런 플라톤적 입장에 대한 아리스토텔레스 『정치학』 1권 1장 등의 비판적 논의도 참고할 만하다.

100 이 저술들은 : 혹은 '이것들은'.

101 정치적인(politika) : 혹은 '국가에 관한', '국가적인'.

102 그렇다면 사람들이 법들이라고 부르는 이 저술들은 정치적인 저술들이네요. : 혹은 "그렇다면 사람들이 법들이라고 부르는 게 바로 이 정치적인 저술들이네요."로 옮길 수도 있다.

103 규정들을 계속 다른 것들로(hetera kai hetera nomima) : 혹은 '어떤 규정들을 다른 규정들로'.

104 바꾸지도(metathēsontai) : 316c1에서 동료가 같은 단어를 쓰면서 반론을 제기한 바 있다.

105 각각에(hekastōi) : 남성으로 보아 '각자에게'로 새길 수도 있다. 하나를 선택해야 한다면, 중성으로 보고 뒤의 영역들 예시와 연결하는 것이 일단은 나아 보인다. 그러나 아래 제3부(317d 이하)의 논의를 염두에 두면 남성 독법이 주는 의미의 중요성도 무시하기 어렵다. 둘 다를 염두에 두고 일부러 애매하게 사용한 표현일 가능성이 있다.

106 정원 관리에 관한 것(to kēpourikon) : 혹은 보다 축자적으로는 '정원 일에 관한 것'.

107 더 이상 그것이 적법하다고 말하지 않겠지요? : 혹은 '더 이상 그것이 적법하지 않다고 말하겠지요?'로 옮길 수도 있다.

108 무법적(anomon) : 혹은 '불법적', '불법적인/무법적인 것'. 아래에서도 마찬가지.

109 그렇다면(oukoun) : 이 말을 넣지 않고 새길 수도 있다.

110 치리(diakosmēseōs) : 혹은 '질서 지음', '조직화'.

111 옳은 것(to … orthon)은 왕에게 속한 법(nomos … basilikos) 아닌가요? 옳지 않은 것(to … mē orthon)은 그렇지 않고요. : 뜻만 생각하고 이 부분을 다음과 같이 평서문으로 옮길 수도 있다. '옳은 것은 왕에게 속한 법이지만, 옳지 않은 것은 그렇지 않습니다.' '왕에게 속한 법' 대신 '왕의 기술에 속한 법'으로 새길 수도 있다. '왕에게 속한 법'이라고 지칭되는 이 법이 애초에 대화자들이 주로 염두에 두고 논의하던 법이다. '법'에 '왕에게 속한'이라는 한정어를 붙인 건 직전 논의에서 다른 여

러 영역들에서의 법들을 거론한 터여서 분명히 구분해 줄 필요가 있어서였을 것이다.

112 그것과 관련해서(en autōi) : 혹은 '그것에 머물러서', '그것 가운데서', '그것에 대해서'.

113 검토해 봅시다(diatheōmetha) : 혹은 '살펴봅시다', '들여다봅시다', '고찰해 봅시다'. 헤르만의 수정을 따라 'diatheōmetha'로 읽었다. A 사본을 따라 'diathōmetha'로 읽으면 '처리해 봅시다'쯤으로 옮길 수 있고, F 사본을 따라 'theasōmetha'로 읽으면 '바라봅시다' 정도가 될 것이다.

114 땅에 대해서(epi gēi) : 혹은 '땅에다'.

115 배분하는(dianeimai) : 혹은 '나누어 주는'. 저자는 이 대화편의 주제인 '노모스'(nomos)의 어원을 동사 '네메인'(nemein : 나누어 주다, 배분하다, 가축에게 풀을 먹이다)으로 간주하고 있는 것으로 보인다. 여기 나온 '디아네메인'(dianemein) 동사와 아래 나오는 명사 '노메우스'(nomeus : 목자)는 모두 이런 어원 상정을 바탕에 두고 사용된 농근어들이라 할 수 있다. 사실 『법률』 곳곳에 이런 어원을 이용한 통찰이 등장하는데(특히 4권의 713e6~714a2 및 그 이하의 논의), 지금 이곳의 이야기는 그것에 대한 좋은 예비라 볼 수 있을 것이다. 김남두 외(2018) 210쪽의 본문과 주석 25를 참고할 것.

116 알맞은(axia) : 혹은 '응분의', '맞먹는/상당하는 가치를 지닌'.

117 배분자(nomeus) : 혹은 '목자'.

118 법들과 배분들(nomoi kai dianomai) : 이 맥락에서 법과 배분이 계속 병렬되어 나오는데, 이때의 병렬 접속사 '과'(kai)는 거의 '즉'에 가깝다고 읽어도 좋을 것이다.

119 즉(kai) : 혹은 '그리고'.

120 즉(kai) 알맞은 음들(ta axia)을 배분하는(neimai) 데 훌륭한 배분자가 : 스코필드(1997, 1313쪽)처럼 이 대목에 해당하는 'kai ta axia neimai'를 삭제하고 읽기도 한다. 설명적 주석이라고 이해하는 셈인데, 꼭 그래야

하는지는 의문이다.

121 피리 연주자(tou aulētou) : '아울로스'라는 악기명의 번역에 관해서는 논란이 분분하다. 그런 논란의 여지를 고려하여 '아울로스 연주자'로 음역하는 것이 더 적확할 수도 있다. 그러나 적확한 번역어를 찾을 수없어 원어의 음을 따옴으로 해서 얻는 정확성보다는, 비슷한 우리말 번역어를 대입해서 얻는 이해 증진 효과가 더 중요하다고 보아 이렇게 옮기기로 한다.

122 가장 법에 능한 사람(ho nomikōtatos) : 즉, 최고의 법적 권위자. 아래에서도 마찬가지.

123 자양분(tēn trophēn) : 혹은 '음식(물)', '영양'. 적지 않은 서양 번역자들이 '음식'(food)으로 옮긴다. 램(1927) 407쪽, 팽글(1987) 61쪽 등. 스코필드(1997)는 '자양분'(nourishment)으로 옮긴다(1313쪽). '음식'(sition)과 '자양분'(trophē)을 구분하는 『히파르코스』 230e를 참고하면(설사 두 작품의 긴밀한 연관성을 꼭 상정하지는 않는다 해도) '자양분' 쪽이 더 선호될 만하다.

124 체육 선생(paidotribēs) : 혹은 '체육 훈련사'.

125 인간 무리를 몸의 측면에서(tēn anthrōpeian agelēn tou sōmatos) : 사본들에 등장하는 말을 그대로 읽으면 '인간 무리'에 '몸의'라는 말이 덧붙어 있어 꽤나 어색하다. '몸의 인간(적) 무리', '인간 몸의 무리' 등 직역을 택하면 그 어색함을 완벽하게 제거할 길이 없다. (굳이 의도를 따라 새기자면 아마 '몸의 측면에서 볼 때의 인간 무리' 정도의 뜻일 것이다.) 그래서 빼고 읽거나 위작의 한 증거로 간주하는 사람들도 있었다. 예컨대, 스코필드(1997)는 '몸의 측면에서'에 해당하는 부분 'tou sōmatos'의 삭제를 받아들인다(1314쪽). 램(1927)은 삭제하지는 않지만 이 문장의 어색한 이미지 구성을 위작의 근거로 삼는다(409쪽). 그러나 이 부분은 몇 줄 아래, '인간의 영혼에게 법적 권위자는 왕'이라는 대목(318a6~7)과 평행을 이룬다는 점을 고려할 때 삭제만이 능사는 아니다. 따라서 여기서는 그 의미를 최대한 살려 옮기기로 한다. 잉글랜드(E.B.

England 1976)도 이 대목을 『법률』7권 808d3의 수정 제안의 참고 근거로 이용한 바 있다(2권 285쪽).

126 먹여 기르는(nemein) : '노모스'(nomos)와 어원적으로 연관되는 '네메인'(nemein)의 의미가 이제까지보다 더 특수한 의미로 활용되고 있다. 즉, 이제까지는 '배분하다', 즉 '몫을 나누다'라는 기본 의미가 주목되었는데, 여기서는 '알맞은 목초(지에 풀어놓아 목초)를 먹여 기르다'라는 보다 분화된 특수 의미가 조명되고 있다.

127 그 사람의(autōi) : 보다 직역에 가깝게는 '그 사람에게 있는'.

128 양치기(poimēn) : 혹은 '목자'.

129 그러면 그렇다고 말해 보세요(phati). : 한 단어로 표현된 말이다. 직역에 가깝게는 '그런지 말해 주세요.'

130 정말 그래요(phēmi dē). : 역시 짧게 표현된 말이다. 직역에 가깝게는 '정말로 그렇다고 난 말합니다[즉, 동의합니다].' 우리에겐 다소 지루해 보이지만, 소크라테스는 아주 분명해 보이는 대목에서도 혼자서 정리하지 않고 여기서처럼 상대방에게 동의 여부를 직접 언명으로써 확인해 줄 것을 요구하고 상대방은 동의를 표명하는 언명을 제공한다. 이런 절차는 진술/논변의 소유권을 끝없이 상대방에게 넘기는(혹은 상대방과 공유하는) 소크라테스적 대화 고유의 특징과 관련되어 있다.

131 그렇담 그거 멋지게(kalōs) 말한(legeis) 겁니다. : 316d7에 이은 또 다른 칭찬이다. 소크라테스는 여기서 진술의 소유권을 넘겨주고는 곧바로 아름다운 진술을 하고 있다고 칭찬하는 셈이다. 물론 '아름다운 진술'이라는 게 자신의 대화 규칙을 따라 준 상대방의 태도에 대한 반가움과 고마움의 표현이라는 측면을 포함하지만(아마도 그것이 이 표현의 일상어상의 표면적 의미에 가까울 것이다), 소크라테스의 칭찬에는 그런 표면적 의미를 넘어선 의미와 의도가 들어 있을 수 있다.

132 피리 연주법들(tois aulētikois nomois) : 혹은 '피리 연주에 관한 법들'.

133 훌륭한 입법자(agathos … nomothetēs)로 판명되었는지(gegonen) : 직역하면 '훌륭한 입법자가 되어 있는지'.

134 말할 수 있겠어요(echois an … eipein)? : 혹은 '말해 줄 수 있을까요?'

135 마음속에 떠올리지(ennoeis) : 혹은 '생각해 내지', '이해하지'. 조금 후에
한 번 더 등장(318c3)하는 것을 합해 이 맥락에 두 번 등장하는 이 단
어는 앞에서 두 번 등장하여 '곰곰이 생각하다'로 새겨 읽은 바 있던
단어다(316b~c).

136 아니(all') : 혹은 '아님'.

137 그럼 사람들 말마따나 마르쉬아스와 그의 소년애인인 프뤼기아 사람 올
림포스인가요? : 혹은 '그럼 마르쉬아스와 그의 소년애인인 프뤼기아
사람 올림포스가 그렇다고들 하는 건가요[/그렇다고들 하는데, 그런가
요]?' 전설적인 사튀로스 중 하나인 마르쉬아스는 전통에 따르면 제
자 올림포스와 더불어 피리(aulos) 음악의 발명자로 알려져 있다. (앞
에서도 비슷한 언급을 한 바 있지만, '아울로스'가 '플루트' 혹은 우리말의 '피
리' 등으로 번역되는 것이 적당한가에 관한 논의들이 많다. 여기서는 논란거
리라는 점만 주목하고 관행의 편의를 취하기로 한다.) 그가 뤼라로 대변되
는 아폴론을 상대로 음악 경연을 벌였는데 졌고, 승자 마음대로 벌을
주기로 약속을 했었기 때문에, 그의 주제넘은 도전에 마음이 상한 아
폴론의 뜻에 따라 산 채로 껍질이 벗겨지는 벌을 받았다고 한다.

138 움직여(kinei) 그자들을 드러냅니다(ekphainei). : 혹은 '동하게 해서 그자들
을 돋보이게/눈에 띄게 합니다.'

139 바로 이 사람들의 피리 곡들 또한 가장 신적이고, 그것들만이 신들을 필요
로 하는 자들을 움직여 그자들을 드러냅니다. 또 그것들만이 지금까지도 계
속 남아 있습니다. 신적이기 때문이지요. : 지금 우리가 읽고 있는 이 대
목은 『향연』의 알키비아데스 연설 서두(215a4~d6)를 연상케 한다. 거
기서 알키비아데스는 소크라테스(의 담론)를 사튀로스인 마르쉬아스
(의 피리 연주)와 비교하면서 다음과 같이 말하고 있다. "그의[즉, 마르
쉬아스의 (그리고 그의 가르침을 받은 올림포스의)] 피리 곡만이 사람들을
신들리게 하며, 신들과 입문 의례를 필요로 하는 자들이 누구인지를
드러내 줍니다. 신적이기 때문에 그럴 수 있지요."(215c4~6) 이 작품

이 만일 위작이라면, 여기서 저자는 『향연』의 그 자리를 모방하고 있
는 것이라 할 수 있다. 강철웅(2014) 154~156쪽 해당 본문과 주석들
(특히 각주 242, 243, 244, 245)을 참고할 것.

140 유지될(menei) : 혹은 '남아 있을'. 마르쉬아스와 올륌포스의 피리 곡들
이 신적이어서 지금까지 유일하게 '남아 있는'(loipa) 것들이듯, 지금까
지 '남아서 그 효력이 유지될'(menei) 정도로 신적인 법들을 만든 입법
자 왕이 누구인지를 묻고 있다.

141 라케다이몬 : 스파르타.

142 아니(alla) : 혹은 '그게 아니라', '하지만'.

143 그건 그렇고(alla) : 혹은 '그런데', '하지만'.

144 이 사람들(houtoi) : 즉, 크레타인들.

145 에우로페 : 제우스가 포이닉스의 딸 에우로페를 사랑하게 되어 납치하
여 크레타로 데려갔고, 거기서 제우스는 세 아들, 즉 미노스, 라다만튀
스, 사르페돈을 그녀에게서 얻게 된다. 『일리아스』 14.321~322를 참고
할 것.

146 비극에 나오는 아티카 설화(Attikon … mython kai tragikon) : 혹은 약간의
해석을 넣어 옮기면 '아티카 비극에 나오는 설화'.

147 아니(alla) : 혹은 '그건 그렇다 치고'.

148 이 사람들(houtoi) : 즉, 호메로스와 헤시오도스.

149 다중들(hoi polloi) : 혹은 '뭇사람들'.

150 이보다(toutou) : 여기 '이'는 엄밀하게는 '미노스에 관해 이렇게(즉, 못된
사람이라고) 말하는 것'을 가리킨다. 내용상으로는 결국 직후에 언급되
는 "신들에 대해, 그리고 … 신적인 인간들에 대해, 말로든 행동으로
든 잘못을 범하는(examartanein) 것"을 가리키게 되는 셈이다.

151 신들에 대해, 그리고 그다음으로는 신적인 인간들에 대해, 말로든 행동으
든 잘못을 범하는 것 말고 더 주의를 기울여야 하는 일도 없거든요. : 보다
의미를 따라 풀어 옮기면, '신들에 대해, 그리고 그다음으로는 신적인
인간들에 대해, 말로든 행동으로든 잘못을 범하는 것보다 더 불경스

러운 일이 없을뿐더러 더 주의를 기울여야 하는 일도 있거든요.'로 옮길 수도 있다.

152 혹시나 옳지 않게 말을 하게 되지나 않을까 하고 : 즉, 옳지 않은 말을 하지 않도록.

153 의분을 느끼거든요(nemesāi) : '의분'을 가리키는 명사형은 '네메시스'(nemesis)인데, '노모스'(nomos)와 동근어다. 팽글(1987) 63쪽.

154 성스러운(hierous) 돌들과 나무들과 새들과 뱀들은 있지만 성스러운 인간들은 없다고는 : 혹은 '돌들과 나무들과 새들과 뱀들은 성스럽지만 인간들은 아니라고는'.

155 조금도(ti) : 사본들을 따라 'ti'로 읽었다. 유포본을 따라 'toi'로 읽으면 '정말이지', '부디'로 옮길 수 있다. 예컨대, 스코필드(1997)가 유포본을 따른다(1315쪽).

156 오히려 이 모든 것들 가운데 가장 성스러운 것은 훌륭한 인간이고, 가장 부정(不淨)한 것(miarōtaton)은 형편없는 인간입니다. : 혹은 '오히려 훌륭한 인간이 이 모든 것들 가운데 가장 성스러운 것이고, 형편없는 인간이 가장 부정(不淨)한 것입니다.'

157 인간의 자식인(anthrōpou) : 혹은 '인간에게서 태어난'.

158 "도시들이 아흔 개" : 이 부분은 『오뒤세이아』 19.174에 나온다. 이 부분과 바로 다음의 더 길게 인용되는 두 행은 모두 페넬로페가 오뒤세우스를 알아보는 장면에 속한다. 107행에서부터 이미 오뒤세우스는 자신의 출신과 가문을 묻는 페넬로페의 물음에 대해 지어낸 대답을 하기 위해 준비하고 있었다. 재차 이루어진 질문에 못 이겨 오뒤세우스가 내놓게 되는 본격적인 대답은 여기 두 행 인용이 속한 대목인 165~202행에서 이루어진다. 그는 109~114행에서 이미 미노스의 훌륭한 통치에 관해 운을 뗀 바 있다.

159 아홉째 해에(enneōros) : 의역하면 '9년마다'. 이 말은 '담소를 나누는 자'와 연결될 수도 있고 '왕으로 다스렸다'에 연결될 수도 있으며, 의미가 불분명하다(후자의 경우에는 더더욱 그렇다). 원어의 위치로만 보

면 가까운 곳에 있는 후자와의 연결이 더 그럴듯해 보이지만, 시행에 서 전자와 멀리 떨어져 있다는 것 자체가 수사학적 장치('휘페르바톤') 일 수 있으며, 이후 이어지는 내용(그리고 『법률』 서두의 내용)을 고려하 면 전자와 연결 지어 읽는 것이 인용을 한 화자(혹은 저자)의 의도라고 볼 수 있다.

160 담소를 나누는 자(oaristēs) : 보다 정확히 옮기자면 '친근하게'를 앞에 넣 는 것이 좋지만, 편의상 이렇게 줄인다. 아래에서도 마찬가지.

161 "그리고 그 도시들 가운데 크노소스라는 큰 도시가 있는데, 그곳에서는 미 노스가, 즉 / 아홉째 해에 위대한 제우스와 담소를 나누는 자가 왕으로 다스 렸다." : 『오뒤세이아』 19.178~179. (이 구절에 대한 언급은 크레타와 스 파르타 법의 신적 기원을 다루는 플라톤 『법률』 서두(624a~b)에도 나온다.) 이어지는 대목에서 오뒤세우스는 자신이 이 위대한 왕 미노스의 손자 (즉, 그의 아들인 데우칼리온의 아들) 아이톤이라고 거짓으로 소개하며, 항해 중인 오뒤세우스를 만나 환대한 적도 있다고 말한다.

162 짧게 이야기되긴 했지만 : 해석을 넣지 않고 옮기면 '짧게 이야기된 (찬 양인데)'.

163 이 비슷한(hoion) : 혹은 '이런 유의'.

164 이 기술(hē technē hautē) : 즉, 소피스트 기술.

165 특히 여기서(kai entautha) : 혹은 '여기서도'.

166 나누어 준(apeneimen) : 앞에서 계속 주목되던 동사 '네메인'(nemein)이 이 복합동사 안에 포함되어 있다.

167 『오뒤세이아』의 초혼(招魂) 대목(Nekuia) : 오뒤세우스가 죽은 자들의 영 혼을 만나는 이야기가 언급되는 11권을 가리킨다. 우리 전통문화에서 초혼(招魂) 혹은 고복(皐復)은 상례(喪禮)의 일부분으로서 죽은 이의 영 혼을 불러 몸과 다시 결합시키려는 시도를 가리키는데, 이는 사망을 공식적으로 확인하고 공표하는 발상(發喪)에 이르기 위한 절차이다. 여기서는 『오뒤세이아』 11권의 사건을 편의상 '초혼'으로 옮겼는데, 죽 은 이의 영혼을 부른다는 뜻만을 취한 것이다. 우리 문화에서 '초혼'이

가지는 다른 의미들(예컨대, 장례 절차의 일부라는 점, 사망 확인이 목적이라는 점 등)이 함께 가는 것은 아니다.

168 황금 왕홀(chrysoun skeptron) : '왕홀'로 옮긴 '스켑트론'(skeptron)은 왕권 및 그에 준하는 권위와 위엄의 상징이다. 중국과 우리 전통 시대의 홀은 대부(大夫)나 사(士)들이 쥐는, 상아나 목재로 만든 홀과 왕이 쥐는, 옥으로 만든 규(圭)로 나뉘므로 엄밀하게 따지면 '규'로 옮겨야 할 것이나, '홀'로 옮기는 관행을 존중하면서 원래 의미를 살리기 위해 '왕홀'로 옮긴다.

169 만들었습니다(pepoiēke) : 의역하면 '설정했습니다'쯤이 되겠다. 아래에서도 마찬가지.

170 또 그는 『오뒤세이아』의 초혼(招魂) 대목에서, 라다만튀스가 아니라 미노스가 황금 왕홀을 들고 재판하도록 만들었습니다(pepoiēke). : 『오뒤세이아』에서 오뒤세우스가 알키노오스에게 들려 주는 이야기 가운데 다음과 같은 대목이 나온다. "사실 그곳에서 나는 미노스를 보았습니다. 제우스의 영광스러운 아들을 말입니다. / 그는 황금 왕홀을 들고 앉아서 죽은 이들에게 판결을 내리고 있었습니다."(『오뒤세이아』 11.568~569)

171 여기서(entautha) : 즉, 이 구절/대목에서.

172 모든 것들 가운데(hapantōn) : 혹은 '모든 이들 가운데', '모든 사람들 가운데'.

173 "아홉째 해에 위대한 제우스와 담소를 나누는 자가 왕으로 다스렸다." : 앞서 인용된 바 있는 『오뒤세이아』 19.179.

174 동반자(synousiastēn) : 혹은 '동료'. '함께 지내는 자'라는 뜻에서 나온 이 말은 이 문맥에서는 '제자'라는 뜻이다. 이 말이 선생과 제자 모두에게 사용될 수 있는 수평적인 용어이기에 굳이 '제자'라고 옮기지는 않겠다.

175 이 시행, 즉 "아홉째 해에 위대한 제우스와 담소를 나누는 자가 왕으로 다스렸다."라는 시행은 미노스가 제우스의 동반자라는 것을 의미하니까요(sēmainei). : 혹은 지시 관계를 달리 보아 다음과 같이 옮길 수도 있

다. '다음 시행, 즉 "아홉째 해에 위대한 제우스와 담소를 나누는 자가 왕으로 다스렸다."라는 시행이 바로 이것을 의미하니까요. 즉, 미노스가 제우스의 동반자라는 것 말입니다.'로 옮길 수도 있다. '의미하니까요'는 '보여 주니까요'로 바꿔 옮길 수도 있다.

176 과시하기(apodeixomenos) : 혹은 '몸소 보여주기'. 흔히 '증명하다', '논증하다'로 옮기기도 하는 엄밀한 의미의 보여줌을 가리키는 동사다.

177 상정하는(hypolambanousi) : 혹은 '받아들이는', '추정하는'. 아래에서도 마찬가지.

178 술잔치라든지(symposiōn kai) : 혹은 '술잔치와'. 여기 'kai'는 '와' 대신 '즉'으로 옮길 수도 있다.

179 그러니까(kaitoi) : 혹은 '또 실로', '그렇지만'.

180 받아들이던(enomizen) : 혹은 '여기던', '믿던', '생각하던'. 아래에서도 마찬가지.

181 규정들(nomima) : 혹은 '적법한 것들'.

182 언제나(ton panta chronon) : 직역하면 '온 시간에 걸쳐'.

183 하지만 왕의 기술 전체를 교육받은 것이 아니라 왕의 기술을 보조하도록 (hypēresian tēi basilikēi) 교육받았지요. : 혹은 '하지만 왕의 기술 전체를 교육받은 것은 아니고 왕의 기술을 보조하는 기술을 교육받았지요'.

184 나머지 크레타 지역의 일들은 탈로스에게 맡겼고요. 탈로스가 시골 마을들을 일 년에 세 번씩 돌아다녔거든요. 청동 서판에 쓴 법들을 지닌 채 그 마을들에서 법들을 수호하면서 말입니다. 그래서 그는 '청동의'(Chalkous) 탈로스라고 불리게 되었지요. : 탈로스는 에우로페를 납치로부터 보호하기 위해 헤파이스토스가 만들었다고 통상 이야기되는, 살아 있는 청동 인간이다. 나중에는 크레타의 수호자가 된다. 그가 어떻게 태어났는지, 그리고 무슨 일을 하는지에 관해서는 여러 이설들이 있다. 제우스가 그를 미노스에게 주었다는 이야기가 로도스의 아폴로니오스 4.1639 이하 및 아폴로도로스 1.9.26에 나온다. 여기 이야기는 통상의 신화와 매우 다른 합리적 설명이라 할 수 있다.

185 지배했다(ēnasse) : 혹은 '쥐락펴락했다', '군림했다'.

186 그는 가사적인 왕들 가운데 가장 왕다웠으며(basileutatos), / 누구보다도 많은 주변 지역 사람들을 지배했다(ēnasse). / 제우스의 왕홀을 쥐고서 말이다. 그것을 가지고 그는 도시들도 왕으로 다스렸다(basileuen). : 헤시오도스 단편 144(메르켈바흐 - 웨스트(Merkelbach - West)).

187 통치한(euthyne) : 어원을 살려 옮기면 '바르게 만든/이끈'.

188 건전한 정신을 갖고 있다면(sōphronēis) : 혹은 '사려 깊다면', '절제가 있다면'.

189 시에 능한(poiētikōi) : 혹은 '만들기에 능한', '시를 잘 만드는'.

190 사람들을 향해(eis tous anthrōpous) : 즉, '사람들의 마음속에', 혹은 '사람들에 대해'.

191 시를 만드느냐(poiei) : 혹은 '작용을 가하느냐'.

192 비방하는(kakēgorountes) : 혹은 '모욕/폄훼/악담하는'. F 사본을 따라 읽었다. A 사본을 따라 'katēgorountes'로 읽으면 '고발/비난하는'으로 옮길 수 있다.

193 평판(doxan)과 관련해서 큰 권력을 행사하거든요(mega dynantai). : 혹은 '평판에 대한 영향력이 크거든요'. '큰 권력/능력/힘을 행사함'(mega dynasthai)에 관한 인상적인 논의는 『고르기아스』 2부 466a∼468e에 나온다.

194 이게 바로 미노스가 범한 잘못(exēmarten)이기도 합니다. : 혹은 '미노스가 잘못을 범한 것도 바로 이 점에 있어섭니다.'

195 우리의 이 나라에 그는 전쟁을 걸었거든요. : 전설에 따르면, 미노스는 자기 아들 안드로게우스의 복수를 위해 메가라와 아테네에 전쟁을 걸었고, 전쟁에서 이긴 후 아테네인들에게 정기적으로(9년 혹은 7년. 매년이라는 설도 있다) 젊은 남녀 각각 일곱씩을 조공으로 바치도록 강요했다. 테세우스가 그 비극을 끝내기 전까지, 매번 바쳐지는 열네 젊은 이들은 미궁 속에 있는 미노타우로스('미노스의 황소'라는 뜻)에게 잡아먹히게 된다.

196 비극은 이곳에서 오래된 것입니다. 사람들이 생각하는 것처럼 테스피스에게서 시작된 것이 아니고 프뤼니코스에게서 시작된 것도 아닙니다. : 테스피스가 기원전 535년에서 533년 사이 어느 해에 아테네의 디오뉘소스 축제에서 최초로 비극을 연출했다는 현대 학자들의 견해는 주로 『수다』사전에 기반해 있는데, 이는 신빙성이 떨어진다는 것이 중론이다. 같은 사전에 의하면, 프뤼니코스는 기원전 511년에서 508년 사이에 첫 우승을 한 작가로서, 비극에 여성 등장인물을 처음 도입했다고 한다. 그는 안무로도 유명했고, 그의 역사극 『밀레토스의 함락』은 페르시아인들에 의해 밀레토스가 함락되는 사건을 너무나 슬프게 그려서 아테네 관중의 눈물을 자아냈고 그로 인해 결국 그가 벌금까지 물었다고 전해진다. 그런가 하면 5세기 말에 활동한 동명의 희극 시인도 있다.

197 발명품(heurēma) : 직역에 가깝게, 그리고 앞뒤의 용어와 맞춰 옮기면 '발견물'.

198 대중에게 즐거움을 가장 많이 주는 것(dēmoterpestaton) : 혹은 '대중이 가장 즐기는 것'.

199 도마에 올려놓고(enteinontes) : 직역하면 '손길을 뻗쳐' 혹은 '주먹을 뻗어', 즉 '공격하여'라는 뜻이다. 여기 사용된 동사 'enteinein'은 『파이돈』 60d에서는 아이소포스(이솝)의 이야기(logos)를 '시행으로 옮긴다'는 의미로 사용된 바 있고, 『프로타고라스』 326b에서는 '반주를 붙인다'는 의미로 사용되었다.

200 예의 저 조공(朝貢 : tous dasmous) : 위 320e의 미노스 관련 주석을 참조할 것. A 사본의 'dasmous' 대신 F 사본의 'desmous'로 읽으면 '속박'으로 새기게 된다.

201 그러니까 이것이 미노스가 범한 잘못(exēmarten)입니다. : 혹은 '그러니까 미노스가 잘못을 범한 게 이 점에 있어섭니다.'

202 당신이 묻고 있던 것처럼 : 즉, 당신이 물으면서 말한 것처럼. 혹은 '당신이 물은 것에 대해 말하자면'.

203 배분자(nomeus) : 혹은 '목자'.

204 가장 큰 증거(sēmeion)니까 하는 말입니다. : '가장 큰 증거니까 하는 말입니다.' 대신 '가장 큰 증거지만 말입니다.'로 의역할 수도 있다.

205 부동(不動 : akinētoi) : 혹은 '가변적이지 않다'.

206 국가 경영에 관해서(peri poleōs oikēseōs) : 혹은 '국가 경영에 관한'.

207 실재의 진상(眞相)을(tou ontos … tēn alēthcian) : 혹은 '실재의 참모습/진리/진실을'.

208 당신이 한(eirēkenai) 그 이야기(ton logon) : 팽글(1987. 66쪽)의 보고대로 'heurēkenai'로 읽은 사본들이 있다면, 이 사본들을 따를 경우에는 '당신이 발견한(즉, 거의 '만들어 낸'에 가까운) 그 이야기'로 새길 수 있다.

209 배분자들(nomēs) : 혹은 '목자들'. 아래에서도 마찬가지.

210 목자들(poimenes) : 혹은 '양치기들'.

211 "백성들의 목자"(poimena laōn) : 『일리아스』 1.263, 『오뒤세이아』 4.532 등.

212 자양분(trophēn) : 혹은 '양식'. 앞 317e의 관련 주석을 참고할 것.

213 부끄러운(aischron) : 혹은 '추한'.

214 그것들에 달려 있다(en hois … enesti) : 직역하면 '그것들 가운데 있다', '그것들 속에 있다'.

215 영혼에게 좋은 것도 보잘것없는(phlauron) 것도 다 영혼 안의 그것들에 달려 있다고 할 때의 그것들에 대해서는 : 이 대목을 달리 이해하여 '영혼에게 좋은 것과 보잘것없는 것이 영혼 안의 어떤 것들에 달려 있는지에 대해서는'으로 옮길 수도 있다.

216 영혼이 몸과 여타의 것들에 속한 것들에 대해서는 벌써 숙고를 끝냈으면서, 정작 영혼 안의 것들에 대해서는, 즉 영혼에게 좋은 것도 보잘것없는 것도 다 영혼 안의 그것들에 달려 있다고 할 때의 그것들에 대해서는 알지 못하는 것으로 드러난다는 것이 말입니다. : 원문의 순서를 곧이곧대로 따라서 이 문장을 옮기면 다음과 같다. '영혼이 영혼 안의 것들에 대해서는, 즉 영혼에게 좋은 것도 보잘것없는 것도 다 영혼 안의 그것들에

달려 있다고 할 때의 그것들에 대해서는 알지 못하는 것으로 드러나
면서도, 몸과 여타의 것들에 속한 것들에 대해서는 벌써 숙고를 끝냈
다는 것이 말입니다.'

작품 안내

플라톤 저작집에 들어 있는 작품들 가운데 『미노스』는 특이하다. 플라톤 작품 치고 특이하지 않은 게 과연 얼마나 있을까마는, 그런 일반적인 특이 사항들을 제쳐 놓고도 『미노스』는 그것 특유의 독특한 면모들을 갖고 있다. 그것들을 하나하나 차근차근 찾고 음미하면서 그 의미와 의의를 탐색하는 것은 기본적으로 독자들 각자의 몫이다. 여기서는 그 가운데 작품의 전반적인 분위기나 특징을 아우를 만한 대표적인 몇 가지만 언급해 보기로 한다.

우선, 『미노스』는 제목이 특이하다. 잘 알려져 있는 대로, 상당히 많은 플라톤 작품들이 고유명사로 되어 있고,[1] 그 고유명사는

---

1 기원후 1세기 초 트라쉴로스가 편집한 플라톤 저작집에 속한 작품은 그가 4부

작품에 등장하는 인물의 이름인 경우가 많으며, 그 인물들은 대개 소크라테스와 대화를 나누는 상대자로 나온다. 그러니까 소크라테스와 함께 교유한 동시대 실존 인물들의 이름이 상당수 플라톤 작품의 표제를 장식하는 셈이다. 그런데 미노스는 대화자로 등장하는 것이 원천적으로 불가능한 '신화적' 인물이며,[2] 작품 내에서도 강조되고 있는 것처럼 희랍에서 단연 '가장 오래된 법'을 제공한 인물로 묘사된다(318c~d). 플라톤 저작집에 속한 작품들 가운데 유사한 사례로는 『히파르코스』가 유일하다.[3]

대화를 시작하면서 '사태 한가운데로'(in medias res) 직행하

작 9개로 배열한 작품이 36개인데, 그 가운데 마지막에 배열된 『편지들』(이것은 13개 편지들로 구성되어 있음)을 빼면 35개가 된다. (물론 36개 작품 외에도 뒤에 '위작들' 9개가 부록으로 추가되어 있었다.) 이 가운데 고유명사 제목을 단 작품이 27개인 반면, 보통명사 제목을 가진 작품은 8개에 불과하다. 보통명사 제목을 단 작품들에 관해서는 『사랑하는 사람들』 작품 안내를 참고할 것.

2 미노스에 관해서는 본문 서두의 해당 주석을 참고할 것.

3 기원전 6세기 아테네의 참주였던 히파르코스는 그 유명한 참주 페이시스트라토스의 아들들 가운데 하나다. 527년에 사망한 아버지의 뒤를 이어 형 히피아스와 함께 참주 권력을 승계한 후 514년 '참주 살해자' 하르모디오스와 아리스토게이톤에 의해 암살될 때까지 아테네의 참주로 집권했다. 암살 기도의 또 다른 표적이었던 그의 형 히피아스가 510년 스파르타에 의해 추방됨으로써, 560년 페이시스트라토스에게서 시작한 아테네 참주정은 대단원의 막을 내리고, 곧 아테네는 508년 클레이스테네스의 개혁과 더불어 민주정으로 진입하게 된다. 미노스만큼은 아니지만 히파르코스 역시 플라톤 시대에는 '먼 과거'의 인물이었다.

는 서두 또한 특이하다. 플라톤의 대화편들은 대개, 거론되는 철학적 문제나 주제를 대뜸 꺼내 들지 않는다. 그의 서두들은 으레 그 문제나 주제가 등장인물들이 마주치는 삶의 여러 상황과 조건들이라는 배경과 맥락 속에서 자연스럽게 떠오르고 대두되는 과정을 조곤조곤 그려 주면서 독자를 차근차근 철학적 대화 속으로 인도하곤 한다. 그런 통상의 특징을 고려하면, 이 작품은 '법은 무엇인가?'라는 소크라테스의 뜬금없는 질문으로 시작하고 있어 특기할 만하다. 아예 첫 단어 자체가 주제어인 '법'(ho nomos)이다. 시작부터 '아킬레우스의 분노'를 노래하는 『일리아스』를 떠올리게 하는 서두라 하겠는데, 플라톤 내에서는 『메논』 정도에서나 볼 수 있는 상당히 희소한 서두의 면모다. 『메논』 말고는 유사한 사례로 역시 『히파르코스』가 있으며, 이래저래 『미노스』는 『히파르코스』와 자주 비교될 운명에 놓여 있었다고 해도 과언이 아니다.[4]

그런데 흥미롭게도 『히파르코스』와 공유하는 특징이 하나 더 있다. 주제 자체로 직행하는 이 논의를 수행하는 등장인물이 소크라테스와 무명의 동료라는 점이다. 위에서 언급한 제목의 특

---

4 '이득을 사랑함(to philokerdes)이 무엇인가?'라는 질문으로 시작하는 『히파르코스』와 비교되면서 공유하는 운명 가운데 하나는 위작론이다. 플라톤이 아닌 후대의 동일 인물이 두 작품을 썼다고 보는 사람들이 많다.

이성과 긴밀히 연결되는 특징이라 할 수 있겠다. 물론 무명의 동료가 소크라테스의 대화 상대자로 등장하는 다른 작품들이 아예 없는 건 아니지만, 처음부터 끝까지 무명의 동료가 대화 상대자가 되는 사례는 이 둘뿐이다.

그렇다면 이런 특이성들이 가리키는 것은 무엇일까? 이 특이성들을 그저 플라톤이 쓴 작품이 아님을 드러내는 증거들로 치부하는 일은 그것의 정당성 여부를 떠나 그닥 흥미롭지도 유익하지도 않은 소극적인 접근 방식에 속한다. 이 특이성들은 오히려, 저자가 왜 이런 주제를 이렇게 다루는가를 읽어 내는 단서들 속에 배치되는 것이 우리에게 유용하고 흥미로운 읽기 전략과 방향을 제공하지 않을까 싶다. 이제 나는 이 작품의 흐름을 간략히 스케치하고, 인상적인 대목을 중심으로 가벼운 코멘트를 덧붙이려 한다. 이는 불가피하게 선별적이고 주관적일 수밖에 없으므로 객관적이고 결정적인 요약이나 코멘트라고 받아들여질 만한 것이 전혀 아니다. 그저 한 사람의 독자로서 나중에 읽는 사람들의 흥미와 관심을 유도할 목적으로 덧붙인 '맛보기'용 안내일 뿐이다. 그저 이 작품을 이렇게 읽는 사람도 있구나 하는 정도의 가벼운 느낌으로, 각자 자신의 읽기를 만들어 가는 데 참고용으로 활용되었으면 한다.

대화는 '법은 우리에게 무엇인가?'라는 소크라테스의 질문으로 시작한다. 밑도 끝도 없는 이 질문에 대해 '법들 가운데 어떤 법 말인가?' 하고 이름이 알려지지 않은 동료가 또 다른 질문으로 대응하면서 둘 사이의 탐색과 겨룸의 막이 오른다. 물론 당장의 대화는 소크라테스가 금과 돌 유비를 이용하여 자기 질문의 의 도와 요지(즉, 전체로서의 법이 무엇인가를 묻고 있다는 것)를 다시 정리, 개진하고 동료가 이에 암묵적으로 동의하면서, 적어도 표 면적으로는 별다른 어긋남이나 부딪침 없이 다음 단계로 이행 한다.

동료가 질문에 대한 대답으로 제시한 것은 '받아들여지는 것 들'이다. 여럿이 아닌 통일적 정의를 요구하고 있음을 모르지 않 을 그가 천연덕스럽게 단수가 아닌 복수로 답한다는 점이 특기 할 만하다. 이에 소크라테스가 말, 봄, 들음이 각각 말해지는 것 들, 보이는 것들, 들리는 것들과 다르다는 점을 근거로 삼아 법 도 받아들여지는 것들과 다르므로 받아들여지는 것들은 법의 정 의의 후보가 될 수 없다고 반론을 펼치는데, 동료가 이번엔 명 시적으로 동의를 표명하면서 대화는 순조롭게 다음 단계로 넘 어간다.

후보 기각에 동의를 받았지만 소크라테스는 '받아들여지는 것 들'이라는 제안을 전면 폐기하지는 않고 봄, 들음 등 감각의 사 례를 다시 이용하여 '받아들여지는 것들이 법에 의해 받아들여진 다'는 명제에 착안하게 한 후, 이 인과적 영향 관계에서 원인으로 작동하고 있는 법이 과연 무엇인지, 감각 내지 드러냄인지 아니면 발견인지를 묻는다. 달리 말해 법의 유(類)를 묻는 셈일 텐데, 동료는 이번에도 소크라테스의 바람에는 아랑곳하지 않고, 자신들이 지금 행하고 있는 일이라 할 수 있는 '의결들과 법령들'이라고 답한다. 제시된 선택지 내에 있지 않은 대답일 뿐만 아니라 여전히 복수성에 집착한다는 점이 주목할 만한데, 자신이 너무 나간 것임을 의식해서인지 이내 동료는 소크라테스의 의도를 존중하여 '국가의 의결'이라는 수정안을 제시한다. 이에 질세라 소크라테스도 원안 그대로가 아니라 '국가적 의견'으로 고쳐 받아들인다.

그러고는 곧바로 그 제안의 문제점을 동료와 더불어 검토하게 되는데, 법이 아름다운 것이자 좋은 것이라는 명제를 동료에게 확인시킨 후에 그 명제에 기반하여 국가의 의결이라는 제안 가운데 '나쁜' 의결 쪽의 부분을 제거해야 함을 보인다. 그러면서도 법이 의견이라는 점[5]은 남길 수 있다는 점을 확인하여, 결국 법이 좋은 의견이라는 귀결에 도달하게 되고, 이건 다시 참된 의견이라는 것이므로 결국 법은 실재의 발견이라는(보다 정확히는, 실재의 발견이길 '의도'한다는) 결론에 이른다.

그런데 이번엔 동료가 제동을 건다. 법이 실재의 발견이라면

---

5 '의결'과 '의견' 사이를 왔다 갔다 하고 있다.

왜 늘 같은 법들을 우리가 이용하지 않는 거냐고 반문한다. 그건 인간 능력의 한계 때문이라는 소크라테스의 해명에 대해 동료는 법들이 시대에 따라 사람들(즉, 민족 등)에 따라 다르다는 걸 여러 사례를 들며 설파한다. 이에 소크라테스는 긴 이야기 대신 문답식 논의를 해야 공동의 숙고가 합의에 이를 수 있다며 메타 수준에서 문제를 제기한다. 짧은 문답식 대화를 하는 데 동료가 동의하여 다시 소크라테스의 질문을 통한 논의가 재개되고, 소크라테스는 정의, 무게, 아름다움이 모든 사람들 사이에서 똑같이 받아들여진다. 즉 모든 사람들이 실재를 실재한다고 받아들인다고 논변하고 동료의 동의를 얻는다.

그러면서도 법들이 수시로 바뀌는 걸 보면 여전히 소크라테스의 논의에 공감하지 못하겠다고 동료가 문제를 제기하자, 소크라테스는 법을 장기판의 말에 비유하면서 여러 기술 영역(즉, 의술, 농사 기술, 정원 관리술, 요리술 등)에서 산출되는 저술을 논의 대상으로 삼아 추가 논변을 제시한다. 각 기술에 대해 아는 사람들은 동일한 것들에 관해 동일한 것들을 받아들이며, 그것들이 저술들과 규정들에 반영되어 있다는 것이다. 그는 이를 정치술에 적용하여, 법이란 결국 국가 경영에 관한 저술들(즉, 정치적인 저술들)인데, 그 일에 관해 아는 사람들(즉, 정치술 내지 왕의 기술을 가진 사람들)이 동일한 것들을 받아들여 내놓는 것들이라는 귀결에 이른다. 이제, 아는 사람이 저술하는 거라면 그렇게 계속 바꿔대지 않을 것이므로, 각 기술 영역에서 결국 아는 사람들이 정하는 옳은 것은 다 적법한 것이라 할 수 있으며, 법이 실재의 발견이라고 한 앞서의 합의는 옳은 것이었다는 논점을 소크라테스는 확보하게 되고 동료의 동의를 얻는다.

이쯤에서 논의를 접을 법도 한데, 소크라테스는 훌륭한 입법자의 문제로 이행하여 논의를 심화하려 한다. 역시 여러 기술 영역(즉, 농사 기술, 피리와 키타라 연주 기술, 체육술 등)을 예로 들며 각 경우에 해당되는 '배분'을 훌륭히 행하는 전문가가 누구인지를 확인하고, 마지막 예인 체육술에서 확인된 전문가인 체육 선생은 인간 무리를 몸에 있어서 '양육'하는 사람이라는 점을 짐승 무리의 경우(즉, 양치기와 소치기의 경우)에서 확인한다. 이를 인간의 경우에 적용하여 인간 무리를 영혼에 있어서 잘 양육하는 사람이 훌륭한 입법자라는 데 동의를 받고, 역사적으로 그렇게 좋은 법을 내놓은 왕이 누구였는지를 동료에게 묻는다. 제대로 답하지 못하는 동료에게 소크라테스는 지금까지도 유지되는 가장 오래된 부동(不動)의 법을 내놓은 훌륭한 왕으로서 미노스를 제시하지만, 미노스의 무교육과 부정의를 거론하는 세간의 평판 때문에 동료는 선뜻 받아들이지 못한다.

이에 소크라테스는 그런 평판은 미노스가 평판 권력을 지닌 시인들, 특히 아티카 비극 시인들에게 밉보였던 탓에 비극에서 보복적으로 묘사되어 회자된 것일 뿐, 정작 더 설득력 있는 이야기를 제시하는 서사시에서는 그가 아버지 제우스의 특별 교육을 받은 정의로운 입법자임이 유례없는 최고의 찬사와 함께 전해진 다고, 호메로스와 헤시오도스의 전거들을 끌어들여 해명한다. 해명에 수긍하는 동료에게 소크라테스는 다시 몸의 경우에 훌륭한 입법자가 배분하는 건 자양분과 노동인데, 영혼의 경우에는 무엇을 배분하는 것인지를 묻는다. 이 물음에 대한 대답을 얻지 못한 소크라테스가 이렇게 영혼의 좋음에 관건이 되는 그 배분 대상이 무엇인지를 모르는 게 자기들 두 사람의 영혼에겐 부끄러운 일임을 확인하면서 대화가 마감된다.[6]

'법은 우리에게 무엇인가?'(소크라테스) — '법들 가운데 어떤 법 말인가?'(동료) 대비되는 두 사람의 이 물음들을 담고 있는 서두의 두 행은 이 작품 전체의 기조와 흐름을 보여 준다. 소크라테스의 물음 배후에 깔린 생각을 미루어 짐작해 보건대, 그가 보기엔 법이면서도 법 아닌 것이 있다. 그걸 뺀 진짜 법, 즉 '전체로서의 법'이 그의 관심사다. 반면에 그걸 빼면 안 된다고 생각하는 무명의 동료에겐 빼면 안 되는 바로 그것, 즉 구체적이고 개별적

---

6 『사랑하는 사람들』에서 비슷한 질문이 물어지고 이곳에 비해 상대적으로 적극적이고 진전된 대답이 개진된다(134d~135a). 그런데 거기서도 역시 논의는 아포리아로 귀결된다는 점이 흥미롭다.

인 '법들'이야밀로 법의 핵심이다. 이 작품은 이렇게 법의 이중성이 일종의 '이중주'(즉, 보편주의자와 개체주의자가 함께 엮어 가는 이중주) 형태로 개진되고 전개된다.[7]

사실 두 사람의 이중주 내지 평행선은 이어지는 대화에서도 내내 지속된다. 소크라테스는 줄곧 보편에 집중하는 반면, 동료는 개별에 집중한다. 달리 말해, 소크라테스는 이론적 관심사에, 동료는 구체적이고 개별적인 실천적 상황들과 사안들에 보다 더 관심이 있고 눈이 가 있다. 언뜻 보기엔 소크라테스의 합리적인 설득에도 불구하고 동료가 자신의 관심사를 버리지 못하고 집착

---

7 다소 과장을 섞어 말하면, 이 두 행은 사실상 플라톤 작품들 전체의 기조와 흐름을 맨 앞과 맨 뒤에서 보여 주는 게 아닌가 하는 생각이 들 정도로 의미심장해 보인다. 만약 이 작품을 플라톤 작품들 가운데 아주 이른 시기 어딘가에 위치 짓는다고 가정할 경우 서두의 이 두 질문이 사실상 법에 대한 플라톤 사유의 출발점과 종착점을 원환 구성적으로 대변해 주는 것으로도 볼 여지가 있지 않을까 하는 것이다. 이런 가정에 입각해서 보면, 법에 관한 플라톤의 탐색은 '법이 무엇인가?'라는 '소크라테스적' 질문을 다루는, 아테네 한복판에서 벌어진 소크라테스와 무명 동료의 대화(『미노스』)에서 출발하여, '법들이 무엇인가?' 혹은 '법들이 어떠해야 하는가?'라는 질문을, 이번에는 소크라테스가 빠지고 아테네인 손님과 두 도리스인이 다루는, 크레타에서의 세 노인의 대화(『법률』)로 끝나는 긴 여정으로 이루어지는 셈이다. 이렇게 보면, '법'이라는 보편에서 출발하여 '법들'이라는 개별로 끝나는 이 긴 탐색의 여정은 플라톤의 관심과 강조의 변화를 반영하는 것 아닐까? 『미노스』의 제목이 특이하다는 것 못지않게, 『법률』의 제목, 그러니까 보다 정확히 말하면 '법들'(nomoi)이라는 제목 또한 플라톤이 마지막 작품의 제목으로서 아주 의식적으로 선택한 제목이라 할 수 있겠다.

하는 것으로 이해될 수도 있고, 실제로 그렇게 이해하는 논자들이나 독자들이 적지 않은 것 같다. 그러나 보다 중립적인 견지에서 생각해 보면, 그건 어디까지나 소크라테스 쪽 이야기만이 온전히 설득력을 가진다고 보아 줄 경우에만 그런 것 아닐까?

사실 『메논』의 소크라테스-메논 대화나 『대 히피아스』의 소크라테스-히피아스 대화, 혹은 『국가』 1권의 소크라테스-트라쉬마코스 대화나 『고르기아스』 3부의 소크라테스-칼리클레스 대화 등을 바라볼 때도 상황은 비슷하다. 소크라테스가 설득력의 우위를 점한 상황에서 대화 상대자는 합리적인 논변에 설득되지 않는 자신의 편향과 집착을 드러내고 있다는 식의 관전평은 흔히 예상할 만한 것이다. 하지만 그 대화들에서 펼쳐지는 논전은 의외로 복잡한 것일 수도 있다. 과연 그 작품들에서 대화 상대자들이 소크라테스와의 사이에서 유지하는 평행선이 단순히 그들의 이해력이나 합리성이 부족해서, 혹은 논거가 부족한데 패배를 인정하기는 싫은 호승심으로 가득 차서 벌어지는 해프닝 정도인 걸까? 『미노스』의 대화가 보여 주는 평행선은 그 작품들에서의 논전을 바라보는 또 다른 관전의 포인트와 실마리를 제공해 줄 수 있지 않을까?[8]

---

8 물론 그 작품들에서 소크라테스 대화 상대자들의 진의가 무엇이고 각 논의를 어떻게 받아들여야 하는지는 섣불리 일반화할 것이 아니라, 작품들 각각에

그런데 상당히 선이 굵은 인물들이 소크라테스와 대화에 나섰던 그 작품들에서와 달리 여기서는 소크라테스의 대화 상대자가 무명으로, 그러니까 아무런 개인적, 역사적, 사회적 배경을 뒤에 깔고 있지 않은 인물로 설정되어 있다. 그런 배경들에 조회하지 않고 온전히 주제와 논의 내용에만 집중한다는 것이 이 작품의 핵심적 특징 가운데 하나라 할 수 있다. 그리고 아마도 그것이 우리에게 시사하는 것 중 하나는 소크라테스와의 이견과 평행선이 대화 상대자 자신의 별스러운 성격이나 배경에 의존하지 않는 것일 수 있다는 점이다. 어떤 논변에 동의하거나 공감한다는 것은 그저 논리적 엄밀성이나 일관성, 논거의 적실성만이 아니라 그 논변의 배후에서 논변을 작동시킨 세계관이나 사물을 바라보는 시야나 정서에까지 공감한다는 것일 수 있다. 선뜻 동의하지 않는 대화 상대자의 반응과 태도 이면에 혹시 그런 뿌리 깊은 관점적, 정서적인 불일치와 이질감이 들어 있는 건 아닐까? 그저 이야기 표면의 옳고 그름만으로 설득과 합의에 성공하는 것보다 훨씬 더 깊숙한 곳에서 성립하는 설득과 공감이 이루

대한 독립적인 고찰을 필요로 하는 문제다. 소크라테스와 대립각을 세우는 인물들만이 아니라 가장 가까운 지인인 크리톤이라는 인물에 관해서도 논자들과 독자들의 평은 상당히 박했다. 대화 상대자의 지적 수준의 평가는 대화의 이해에 직결되기에, 이 문제는 플라톤 대화편 전반의 이해와 관련하여 세심하게 숙고해 볼 만한 사안이다. 이 문제와 관련한 『크리톤』 해석에 관해서는 강철웅(2018) 51~53쪽과 주석 22를 참고할 것.

어져야 함을 이 대화들은 보여 주는 것 아닐까? 이렇게 이 작품
이 드러내는 보편과 개별 사이의 대립과 평행선은 소통과 공감
이라는 화두로 연결되는 숙고와 통찰로 우리를 이끈다. 『미노스』
가 열어 놓은 이 대화의 장을 결국 『법률』이 이어 가며 일정한 매
듭을 짓는다. 아테네 한복판에서 보편적 '법'의 정의를 묻던 소크
라테스는 어느덧 사라지고, 먼 크레타섬, 그것도 크노소스 시내
도 아니고 제우스의 동굴을 향해 걸어가는 여름 나절의 긴 여정
한가운데서 무명의 아테네인 손님이 두 도리스인을 상대로 신
생국 마그네시아가 갖춰야 할 '법들'을 제시하는 대화로서의 『법
률』은 그 법들을 그저 일방적으로 들이미는 것이 아니라 그것들
을 정당화하고 설득하는 '전문'(前文: prooimion)을 그것들 앞에
세운다. 그런 의미에서 『법률』은 옳고 그름이나 실재와 진리만이
아닌, 의견'들'과 믿음'들'도 제 나름의 가치와 정당성 주장을 갖
고 있는 것 아닌가 하는 목소리들을 의식하기 시작한 저간의 숙
고와 고민을 담아낸, 그러니까 정당성보다 설득에 방점이 찍힌
보다 유연한 담론이라 할 만하다.

　『미노스』가 끝나는 곳에서 『법률』이, 그리고 『법률』이 끝나는
곳에서 『에피노미스』가 시작된다고 흔히들 생각해 왔다. 플라톤
저작 분류의 대표 격인 트라쉴로스를 비롯하여 많은 사람들의
눈에 이런 '삼부작' 구도는 『미노스』를 묶는 전통적인 끈이었다.
이런 묶음이 『미노스』를 『법률』의 앞뒤에 놓인 두 위작 가운데 하

나로 치부하는 근거 노릇을 해 온 것 또한 『미노스』가 겪을 수밖에 없는 일종의 운명 같은 것이었다. 이제 여기 『미노스』가 다른 두 작품과 떨어져 홀로 우리 앞에 놓여 있다. 바라건대, 운명처럼 덧씌워져 있던 삼부작의 굴레를 벗어나서 이제 하나의 독립적인 작품으로 읽혔으면 좋겠다.[9] 플라톤 작품[10] 하나하나는 실로 그 자체로 의미가 있고 그 자체로 가치가 있다. 『미노스』에서 동료가 소크라테스의 논의에 계속 저항과 이견을 표명하면서 붙들고자 한 생각들이 가진 의미 가운데 하나도 바로 이런 것 아닐까? 보편의 이름으로, 본질의 이름으로 통일된 '하나' 말고 구체적이고 서로 다른 제각각의 면모와 특징을 지닌 하나하나에 주목하고 그것들 하나하나를 들여다보자는 것 말이다. 보편의 배일에 가려진 그 개별의 중요성, 디테일의 중요성은 『법률』에서 아테네인 손님에 의해 되살아난다. 『미노스』는 『법률』의 서론으로 덧붙여지는 작품이 아니라 『법률』과 다른 목소리, 그러나 결국 『법률』에 의해 수용되는, 소통과 공감의 중요성을 드러내는 목소리가 담긴 작품이다. 그것이 재현하는 하나-여럿, 토큰-유형, 보편-개별, 이론-실천 간의 대립과 긴장은 한쪽이 다른 쪽

---

9 내가 향후 출간될 예정인 『에피노미스』를 굳이 이 작품과 묶어 내놓지 않는 중요한 이유 가운데 하나도 바로 이 독립적 읽기의 바람 때문이다.

10 플라톤 저작집에 속한 작품들 모두를 염두에 둔 말이다.

을 일방적으로 압도하고 삼켜 버리는, 정답이 정해진 싸움이 아니라, 양자가 긴장 속에 공존하면서 조화와 공감을 모색하고 이루어 가는 복합적 경쟁으로서, 오늘날 우리 담론 세상이 도달해야 할 과제로서 우리에게 다가온다.

이제까지 우리가 주목해 온 '법이란 무엇인가?'라는 첫 질문이나 '미노스'라는 제목만이 아니라 후반부에서 계속 강조되고 있는 미노스 찬양까지도 감안하여, 누군가는 자연스럽게 『미노스』의 주제가, 혹은 『미노스』에서 저자가 힘주어 드러내려는 바가 미노스로 대변되는 훌륭한 입법자나 훌륭한 법이라고 생각할 수도 있겠다. 『법률』 삼부작 착상도 실은 다분히 그것을 향해 있다고 할 수 있다. 그러나 나는 이것들에 못지않게 중요한 이 작품의 핵심 주제가 이미 언급한 보편과 개별의 긴장이나 소통과 공감의 문제와 더불어 '칭찬', 특히 '칭찬(및 비난)의 균형'이라고 생각한다. 후반부의 미노스 논의를 약간 다른 시각에서, 즉, 무엇이 주제이고 누가 주인공인가에 주목하는 시각에서 벗어나서 접근해 볼 필요가 있지 않을까 싶다. 칭찬의 적절한 '배분'이 '법'이고, 칭찬의 달인이 '시인'이며, 칭찬을 잘 하는 게 좋은 '시가'다. 종결부 논의에서 소크라테스는 이렇게 칭찬-비난에 초점을 맞춰 이야기하면서 메타적으로 칭찬-비난을 이야기하고 있다. 그리고 동시에 칭찬-비난의 모델을 수행적으로 제시하고 있다. 그가 평판 권력으로 작용하는 비극에 대해 칭찬과 비난을 동시에

하는 것 자체가, 그러면서 비극이 아니라 서사시를, 자기 논의를 펼치기 위한 분석과 입증의 주요 수단으로 이용하는 것 자체가 칭찬-비난 담론에 대한 균형감 있는 조명이 필요함을 보여 주려는 시도라 할 수 있다. 마지막의 부끄러움 이야기까지도 실은 일종의 '자기 비난'의 일환으로 볼 수 있으며, 결국 소크라테스에게서 칭찬과 비난은 시종일관 영혼의 좋음-나쁨 및 그것을 위한 교육과의 긴밀한 연관성 속에서 논의되고 수행된다고 할 수 있다.

참고문헌

1. 텍스트와 번역

Burnet, J. (ed.) (1907), *Platonis Opera*, Vol. 5, Oxford Classical Text, Oxford Clarendon Press. [= OCT]

Lamb, W. R. M. (tr.) (1927), *Plato: Charmides, Alcibiades, Hipparchus, The Lovers, Theages, Minos, Epinomis*, Loeb Classical Library, Harvard University Press.

Pangle, T. (tr.) (1987), "*Minos*, or On Law," in T. Pangle (ed.), *The Roots of Political Philosophy: Ten Forgotten Socratic Dialogues*, Cornell University Press, 53~66.

Schofield, M. (tr.) (1997), *Plato: Minos*, in J. M. Cooper (ed.), *The Complete Works of Plato*, Hackett, 1308~1317.

2. 이차 문헌

강철웅 역 (2014), 『플라톤: 향연』, 2판, 이제이북스.

강철웅 (2018), 「플라톤의 『크리톤』에서 설득과 공감」, 『서양고전학연구』 57 (2), 39~66.

김남두 외 역 (2018), 『플라톤: 법률』 1, 나남.

Altman, W. H. F. (2016), *The Guardians on Trial: The Reading Order of Plato's Dialogues from Euthyphro to Phaedo*, Lexington Books.

Bruell, C. (1999), *On the Socratic Education: An Introduction to the Shorter Platonic Dialogues*, Rowman & Littlefield.

Cobb, W. S. (1988), "Plato's *Minos*," *Ancient Philosophy* 8, 187~207.

Diduch, P. J. & M. P. Harding (eds.) (2019), *Socrates in the Cave: On the Philosopher's Motive in Plato*, Palgrave.

England, E. B. (ed.) (1976), *The Laws of Plato: The Text Edited with Introduction and Notes*, Vol. II. Books VII~XII, Arno Press.

Friedländer, P. (1928), *Platon*, Vol. 1, Walter de Gruyter.

Goldberg, R. (2019), "The Strange Conversation of Plato's *Minos*," in P. J. Diduch & M. P. Harding (2019), 11~38.

Grote, G. (1888), *Plato and the Other Companions of Sokrates*, 1, 3rd ed., John Murray.

Guthrie, W. K. C. (1975), *A History of Greek Philosophy*, Vol. 4: *Plato The Man and His Dialogues: Earlier Period*, Cambridge University Press.

Hutchinson, D. S. (1997), "Introduction to the *Minos*," in J. M. Cooper (ed.), *The Complete Works of Plato*, Hackett, 1307~1308.

Lewis, V. B. (2006), "Plato's *Minos*: the Political and Philosophical Context of the Problem of Natural Right," *The Review of Metaphysics*, 60 (1), 17~53.

Lutz, M. J. (2010), "The *Minos* and the Socratic Examination of Law," *American Journal of Political Science* 54 (4), 988~1002.

Morrow, G. R. (1960), *Plato's Cretan City: A Historical Interpretation of the Laws*, Princeton University Press.

Priou, A. (2018), "Plato's *Minos* and the *Euthyphro*," *Polis* 35, 145~163.

Rowe, C. (2000), "*Cleitophon* and *Minos*," in C. Rowe & M. Schofield (eds.), *Cambridge History of Greek and Roman Political Thought*, Cambridge University Press, 303~309.

Shorey, P. (1933), *What Plato Said*, University of Chicago Press.

Thomason, S. (2015), "Philosophy and Law: An Interpretation of Plato's *Minos*," *Polis* 32 (1), 55~74.

찾아보기

일러두기

- 같은 자리에 해당 항목이 여러 번 등장할 경우 괄호에 횟수를 표시한다.
  예: 316a(2회)
- 비슷한 용례들 사이에 혼동의 여지가 있는 경우, 자리 표시 뒤 괄호 안에
  해당 용례를 우리말 혹은 원어로 밝히거나 해당 단어의 몇 번째 용례인지
  를 명시한다.
- 자리 표시는 OCT의 스테파누스 행 표시를 기준으로 삼는다. 우리말 번역
  문에 원문의 소절 구분이 정확히 반영되지 않을 수 있으므로, 앞뒤 소절까
  지 살펴야 할 때도 있다.
- 기호들의 쓰임새
  - * : 번역 본문에서 채택되지 않았으나 해당 항목의 다른, 혹은 더 구체적
    인 의미나 뉘앙스를 전달해 줄 만한 대안 항목을 표시.
  - - : 해당 항목의 구분된 쓰임새를 나누어 제시.
  - cf. : 해당 항목과 내용이 긴밀히 연결되는 다른 항목을 참조하라는 표시.
  - → : 상세한 정보가 들어 있는 다른 항목으로 이동하라는 표시.

일반용어

한국어 – 희랍어

가벼운 kouphos 316a(2회)
가사적(可死的)인, *죽을 수밖에 없
는 thnētos 320d
가장 뛰어난 kratistos 318a(2회)
  cf. 가장 훌륭한
가장 좋은 → 가장 훌륭한
가장 훌륭한, 가장 좋은 aristos
  cf. 훌륭한, 가장 뛰어난

— 가장 훌륭한 317e(2회: 가
장 훌륭한 사람, 가장 훌륭한 배분
자), 321b
— 가장 좋은 318a(2회)
가장 훌륭한, 아주 훌륭한 beltistos
cf. 더 좋은
— 가장 훌륭한 317e(가장 훌륭
하며), 318c
— 아주 훌륭한 315d, 318d,
320e
가혹한, 어려운 chalepos
— 가혹한 318d, 320e
— 어려운 315b
간주하다 → 계획하다
감각 aisthēsis 314a(2회), b
건강한 hygieinos 314b
건전한 정신을 갖다, *사려 깊다,
*절제 있다 sōphronein 320e
검토하다, *살펴보다, *들여다보다,
고찰하다 diatheasthai 317d
cf. 살펴보다, 숙고하다
경건한 hosios 315b
경영 dioikēsis 317a cf. 치리
경영하다 dioikein 317c cf. 관리하다
계획하다, 간주하다 dianoeisthai
— 계획하다 314b
— 간주하다 314d
고된 일, *노동, *노고 ponos 321c
곰곰이 생각하다, 마음속에 떠올리

나 ennoein cf. 숙고하다, 검
토하다
— 곰곰이 생각하다, *염두에
두다, *숙고하다 316b, c, 321a
— 마음속에 떠올리다, *생각
해내다, *이해하다 318b, c
공동의, *공통의 koinos 315e(2회)
과시하다, *몸소 보여주다, *증명하
다, *논증하다 apodeiknynai
319e
관리하다, 시작하다 archein cf. 경영
하다, 치리
— 관리하다, *다스리다 316e,
317a(2회)
— 시작하다 archein 320b, 321a
교육 paideia 320b(교육하기), d
교육 못 받은 apaideutos 320e
교육하다 paideuein 319c(2회), d,
320b, c
교제 synousia 320b
구별하다 diagignōskein 319a
국가, 나라, 도시 polis
— 국가 314c, d(2회), e, 317a(2
회), c(2회), 321a, b
— 나라 320e
— 도시 319b(2회), 320d
국가적인 → 정치적인
권력을 행사하다 → 능력을 갖다
규정들 nomimata → 준법적인

그럴법한 eikos 321b

그럴 수밖에 없는 → 필연적인

기술 technē 314b, 316c, 319c, 320c

긴 이야기 makros logos 315d

나누어 주다 aponemein 319c cf. 배
　　분하다

나라 → 국가

남아 있는 loipos 318c cf. 유지되다

노래 melos 317d

논증 apodeixis 315d

놀라운, 놀랄 thaumastos 315d,
　　319d

놀이 paidia 320a

놀이친구 sympaistēs 319e

농부 geōrgos 317d(2회)

농사에 관한, 농사(의) geōrgikos
　　— 농사에 관한 316e
　　— 농사(의) 316e(농사법들:
　　geōrgikoi nomoi)

능력을 갖다, …할 수 있다, 권력을
　　행사하다 dynasthai
　　— 능력을 갖다 315b
　　— …할 수 있다 316c
　　— 권력을 행사하다 320e

다그치다, *강제하다 anankazein
　　321a

다니다 phoitan

— 다니다 319c

— 드나들다 319e

다중들 hoi polloi 318e

단련시키다 gymnazein 321c

담소 oaros 319e cf. 말

담소를 나누는 자 oaristēs 319b, d,
　　e(2회)

대답하다 apokrinesthai 314a(2회),
　　e, 315e(2회), 316d, 321c, d

대중에게 즐거움을 주는, *대중이
　　즐기는 dēmoterpēs 321a

더불어 술을 마시다 sympinein 320a

더 좋은 beltiōn 321c, d cf. 훌륭한,
　　가장 훌륭한

덕 aretē 320b

도대체 → 분명

도마에 올려놓다, *손길을 뻗치다,
　　*주먹을 뻗다 enteinein 321a

도시 → 나라

동료 시민 → 시민

동반자, *동료, *함께 지내는 자, *제
　　자 synousiastēs 319e(2회)

동의에 이르다 symbainein 315e cf.
　　합의하다

드나들다 → 다니다

드러나다, 보이다, …인 것 같다,
　　*나타나다, *분명해지다
　　phainesthai cf. 분명한, 명백한
　　— 보이다 313c, 317d

— 드러나다 316b, 321d

— …인 것 같다 321b

드러내다, *돋보이게 하다, *눈에
띄게 하다 ekphainein 318b
cf. 보여주다, 분명한, 명백한

드러내 주다, 밝히다 dēloun cf. 보
여주다

— 드러내 주다 314a(2회), b

— 밝히다 319c

드러냄 dēlōsis 314b

듣다 akouein 313b, c, 314a(2회),
315c(2회), 318e [이 가운데 '들
리는 것들'(ta akouomena): 313b,
c, 314a]

들음, *청각 akoē 313b, c, 314a(2회)

땅 gē 317d(2회)

똑같은 식으로 hōsautōs 313a

똑같이 homoiōs → 비슷한

똑같이 받아들이다 synnomizein 316d
cf. 받아들이다

마음속에 떠올리다 → 곰곰이 생각
하다

만들다, 시를 만들다, 하다, 행하다
poiein 320e cf. 시, 시에 능한,
시인

— 만들다, *설정하다 319c,
d(2회), 321c, d

— 시를 만들다, *설정하다

320e

— 하다, *작용을 가하다
315d(아무것도 하고 있지), 317b
(2회: 일을 하는), 317b(해야만)

— 행하다 320b

말, 이야기 logos cf. 담소, 말해지는
것들, 실화, 행동

— 말 313b(2회), 318e, 319b, c

— 이야기 315d, 319c(이야기
를 나누며: en logois), e(2회. 둘
째 용례는 이야기를 나누며: en
logois), 320b, 321b

말해지는 것들 ta legomena 313b,
c(2회)

맞는 → 참된

먹여 기르다 → 배분하다

멀리하다 apechein 320a

멋진 → 아름다운

명백한 katadēlos 314e, 315b cf. 분
명한

모르는 (사람) anepistēmōn 317b(2
회) cf. 아는

목자, 양치기 poimēn

— 목자 321c(2회)

— 양치기 318a(2회)

몸, *신체 sōma 317e, 318a, 321c(3
회), d cf. 영혼

무거운 barys 316a(2회)

무게가 나가다 helkein 316a(2회)

무법 anomia 314d(2회) cf. 부정의

무법적인, *불법적인 anomos 314d
   (3회), 317c(2회) cf. 준법적인

무턱대고, *단순히 haplōs 314e

묻다 erōtan 313a(3회), b, 314c,
   321a cf. 질문하다

물론 → 분명

미움을 사다 apechthanesthai 320e

바꾸다 metatithenai 316c, 317b

바치다 → 제물로 바치다

받아들이다, *믿다, *생각하다, *여
   기다 nomizein 315d, e, 316d
   (2회), e, 320a, b(2회) cf. 법, 똑
   같이 받아들이다

받아들여지다, *관습화되다, *확립
   되다, *통용되다 nomizesthai
   313b, c(2회), 314a(3회), 316a(3
   회), b [이 가운데 '받아들여지는
   것들'(ta nomizomena): 313b, c(2
   회), 314a] cf. 법

발견 heuresis 314b(2회), 317d

발견 exeuresis 315a(4회)

발견하다 heuriskein 314b(2회),
   321a [이 가운데 '발견되는 것들'
   (ta heuriskomena) 314b]

발견하다 exeuriskein 315a, b, 321b

발명품, *발견물 heurēma 321a

밝히다 → 드러내 주다

배분하다, *나누어 주다 dianemein
   317d(2회: 첫째와 둘째 용례), e,
   321c, d cf. 나누어 주다

배분하다, 먹여 기르다, *나누어 주
   다 nemein cf. 나누어 주다
   ― 배분하다 317d(셋째 용례)
   ― 먹여 기르다 318a(2회)

배분 dianomē 317d(2회), e, 321b,
   c(2회), d

배분자, *목자 nomeus 317d(2회), e

배우다 manthanein 314b, 319a, e(3
   회), 320a [이 가운데 '배워지는
   것들'(ta manthanomena): 319e]

백성 laos 321c

법 nomos 313a(5회), b(5회), c(3회),
   314a(2회), b(2회), c(3회), d(3
   회), e(5회), 315a(5회), b(4회),
   c(2회), 316c, e(4회), 317a,
   c(2회), d(3회), e, 318a(2회),
   b, c, d(2회), 320a, b, c(2회),
   321b(2회) cf. 받아들이다, 받
   아들여지다, 준법적인, 무법적
   인, 입법자, 법 수호자

법령 psēphisma 314b cf. 의결

법 수호자 nomophylax 320c cf. 입
   법자

법에 능한 nomikos 317e(2회)

병적인 nosōdēs 314b

보다 horan 313b, c, 314a(3회),

317b [이 가운데 '보이는 것들'(ta horōmena): 313b, c, 314a] cf. 봄

보여주다 phrazein 319b cf. 드러내다, 드러내 주다

보이다 → 드러나다

보잘것없는 phaulos 320b

보잘것없는 phlauros 321d

보조 hypēresia 320c

보존하다 sōizein 314d

봄, *시각 opsis 313b, c(2회), 314a cf. 보다

부끄럽다 aischynesthai 321d

부끄러운 → 추한

부동(不動)의, *움직이지 않는, *변하지 않는 akinētos 321b

부정의, *불의 adikia 314d cf. 정의, 무법

부정의한 adikos 314d(2회), 315e(5회), 316a, 317c, 318d cf. 정의로운

부정(不淨)한 miaros 319a

분명 dēpou 316a, d

분명, 도대체, 물론 dēta
  — 분명 317b
  — 도대체 313c
  — 물론 314e

분명한 dēlos 320a cf. 명백한

분명해 보이다 kataphainesthai 314e

불경건한 anosios 315b

불경스러운 asebēs 318e

불경을 범하다 asebein 318e

비극 tragōidia 321a(3회)

비극에 나오는 tragikos 318d

비극 작가, *비극 시인 tragōidopoios 318e

비난하다 psegein 319a(2회) cf. 칭찬하다

비방하다, *모욕하다, *폄훼하다, *악담하다 kakēgorein 320e cf. 칭송하다, 칭찬하다, 비난하다

비슷한, 똑같이 homoios
  — 비슷한 319a
  — 똑같이, *똑같은 정도로 homoiōs 313b

사람 anthrōpos → 인간

사람, *남자, *사나이 anēr 317a(훌륭한 사람들의), 318d(정의로운 사람이라고들), 319a(2회: 어떤 사람을, 쓸 만한 사람들과 형편없는 사람들을), 320b(훌륭한 사람이었습니다), e(2회: 신경 쓰는 사람이라면, 시에 능한 사람 어느 누구에게도), 321c(사람들의)

사물, *사태, *물상 pragma 314a, b

사전 숙고 promētheia 318e cf. 숙고

살펴보다 episkeptesthai 313c cf. 숙고하다, 검토하다

살펴보다 athrein 316c cf. 숙고하다, 검토하다

살펴보다 skopein, skeptesthai → 숙고하다

삼다 → 이용하다

상(賞) geras 319c

상기시키다 hypomimnēskein 318b

상정하다, *받아들이다, *추정하다 hypolambanein 314b, 319e, 320a

서판(書板) grammateion 320c

설득되다, *확신하다, *수긍하다 peisthesthai 316c

설득력 있는 pithanos 318e

설화, *신화, *이야기 mythos 318d cf. 말

성스러운 hieros 319a(2회)

소년 애인 paidika 318b

소리 phōnē 314a

소문 phēmē 320d

소치기 boukolos 318a

소피스트 sophistēs 319c(2회)

숙고, *탐구 skemma 315e cf. 사전 숙고

숙고하다, 살펴보다, *탐구하다 skopein cf. 곰곰이 생각하다, 살펴보다, 검토하다

— 숙고하다 315e

— 살펴보다 313a

숙고하다, 살펴보다, *탐구하다 skeptesthai 321d

술잔치, *향연 symposion 320a

술친구 sympotēs 319e

시 poiēsis 320e, 321a

시민, 동료 시민 politēs

— 시민 320a, b

— 동료 시민 321b

시를 만들다 → 만들다

시에 능한, *만들기에 능한, *시를 잘 만드는 poiētikos 320e cf. 만들다

시인 poiētēs 320e(2회) cf. 만들다

시작하다 → 관리하다

시행(詩行) epos 319d

신 theos 314b, 318b, e, 319a

신경 쓰다 melei 320e

신적인 theios 318b, c(2회), e, 320b

실재, *있는 것, *…인 것, *진상, *실상 to on 315a(5회), b, 316b(2회), 317d, 321b cf. 진상, 참된

실재 아닌 것, *실재하지 않는 것, *있지 않은 것, *…이지 않은 것 to mē on 316b

실재하다 einai 316b, e ['…이다', '있다' 등 통상의 번역어로 옮긴 용례

들은 생략함.]

쓸 만한, *쓸모 있는, *훌륭한 chrēstos 314e(3회), 319a cf. 형편없는

씨앗 sperma 317d(2회)

아는 (사람), 앎을 가진 (사람) epistēmōn cf. 앎, 모르는

— 아는 (사람) 316c, d, 317b

— 앎을 가진 (사람) 317d

아름다운, 멋진 kalos cf. 추한, 지극히 아름다운

— 아름다운 314d(2회), 316a, b(3회), 320a, 321c

— 멋진 314c, 316d, 318b

아주 훌륭한 → 가장 훌륭한

아프다 kamnein 316c

알다 eidenai 314c, 315c, 316c(2회), d(2회), 317c, 318c, d(2회), 321d

알다(…할 줄 알다) epistasthai 316e (3회), 317a(4회), b

알맞은, *응분의, *맞먹는 가치를 지닌 axios 317d(2회), e

알아내다 gignōskein 315b

앎 epistēmē 314b cf. 아는

앎을 가진 → 아는

앙갚음을 하다 timōrein 321a

야만스러움을 가진 agrios 318d

양치기 → 목자

어려운 → 가혹한

어울리다, *적절하다 harmozein 314e

영웅 hērōs 319b, c(2회)

영혼 psychē 318a, 321d(2회) cf. 몸

영혼을 매혹시키는, *영혼을 끌어당기는 psychagōgikos 321a

예언술 mantikē 314b

예언자 mantis 314b

오래된, 옛 palaios

— 오래된 318c, d, 321a(2회), b

— 옛 318b(옛사람들), c, 321b

오인(誤認)하다, *맞추지 못하다, *빗맞히다, *도달하지 못하다, *놓치다 hamartanein 316b(2회)

옳은, 제대로(인) orthos

— 옳은 313a, 314e, 317b, c(3회), d(3회), 319a, 321c

— 제대로(인) 315d

왕 basileus 317a, 318a, c, d, 320d

왕다운 basileios 320d

왕에게 속한 → 왕의 기술을 가진

왕으로 다스리다 basileuein 319b, d, 320d

왕의 (기술) → 왕의 기술을 가진

왕의 기술을 가진, 왕에게 속한, 왕

의 (기술) basilikos

— 왕의 기술을 가진 317a

— 왕에게 속한, *왕의 기술에
속한 317c

— 왕의 (기술) 320c(2회)

왕홀, *규(圭) skeptron 319d, 320d
(2회)

요리사 mageiros 316e, 317a

요리(의), *요리에 관한 mageirikos
316e(2회). 요리법들: mageirikoi
nomoi) cf. 음식 조리

원하다 → 의도하다

우정의 philios 321c

움직이다, *동하게 하다 kinein 318b

유사한 adelphos 320c

유지되다, *남아 있다 menein 318c
cf. 남아 있는

음 → 현을 퉁겨서 낸 음

음식 조리, *요리 마련 opsou
skeuasia 316e, 317a cf. 요리(의)

의견, 평판 doxa cf. 의결, 좋은 평판
을 얻는, 평판이 나쁜

— 의견 314c, e(4회), 315a

— 평판 320e

의결 dogma 314b, c, d, e(3회) cf.
의견, 법령

의도하다, 원하다, *뜻하다, *의미
하다 boulesthai

— 의도하다 315a(2회), b

— 원하다 315e(3회), 318b

의미하다 sēmainein 319d

의분을 느끼다 nemesan 319a

의사 iatros 316c, d, e

의술 iatrikē 314b, 316c cf. 치료에
관한

이민족 사람들, *이방인들 barbaroi
315c, 316d(2회), 320a

이야기 → 말

이용하다, 삼다 chrasthai

— 이용하다 315a(2회), b(2회),
c(2회), 318c, d, 319e, 320b,
321b

— 삼다 320c

인간, 사람 anthrōpos

— 인간 315b(2회), d, 318a, e,
319a(2회), b(3회), 320b,

— 사람 315c(이민족 사람들),
317a(사람들이), e(사람들의),
320a(사람들이), d(사람들을),
e(사람들을 향해)

…인 것 같다 → 드러나다

일반적인 → 전체(의)

입법자 nomothetēs 318b, c(2회),
321b, c, d cf. 법, 법 수호자

자양분, *음식(물), *영양, *양식
trophē 317e, 321c

잘못을 범하다 examartanein 318e,

319b, 320e(범한 잘못), 321a(범
한 잘못)

장군 stratēgos 321c

장기판의 말처럼 움직이다
metapetteuein 316c

재판관, *배심원 dikastēs 320c

재판하다 dikazein 319d(2회)

잿더미에서 뼈를 수습하여 항아리에
넣는 여인 enchytristria 315c

저술 syngramma 316c(2회), e(4회),
317a(2회), b, c

저술하다 syngraphein 316d, 317b

적법한 → 준법적인

전복하다 anatrepein 314d

전쟁을 걸다 polemein 320e

전체 to pan 313b

전체(의), 일반적인 holos
— 전체(의) 314c, 320c
— 일반적인 317c(일반적으로)

접하다 entynchanein 316c

정원 kēpos 316e(2회)

정원 관리에 관한, 정원 관리(의),
*정원 일에 관한, *원예적인
kēpourikos
— 정원 관리에 관한 317b
— 정원 관리(의) 316e(정원 관
리법들: kēpourikoi nomoi)

정원 일 kēpōn ergasia 316e

정원사, *정원지기 kēpouros 316e

(2회)

정의 dikaiosynē 314c, d cf. 부정의

정의로운 dikaios 314c(2회), d,
315e(6회), 317c, 318d cf. 부
정의한

정치술을 가진 → 정치적인

정치적인, 정치술을 가진, 국가적인
politikos
— 정치적인 317a
— 정치술을 가진, *정치가
317a
— 국가적인, *국가에 관한
314c

제대로(인) → 옳은

제물로 바치다, 바치다, 제사 지내다
thyein
— 제물로 바치다, 바치다
315b, c
— 제사 지내다 315b

제사 지내다 → 제물로 바치다

조공(朝貢) dasmos 321a

좋은 → 훌륭한

좋은 평판을 얻는 eudokimos 320e
cf. 의견, 평판이 나쁜

주의를 기울이다 eulabeisthai 318e,
320e

준법적인, 적법한, 규정들 nomimos
— 준법적인, *법을 따르는
314c(2회), d, 321b

— 적법한, *법에 맞는, *법적
인 315c, 316b(2회), 317b, c
— 규정들, *관행들 nomimata
316e(2회), 317a, b, 318c(2회),
320a
준비가 되어 있는 procheiron 313b
증거 tekmērion 319e
지극히 아름다운 pankalos 319c cf.
아름다운
지배하다, *쥐락펴락하다, *군림하
다 anattein 320d
지혜 sophia 314c, 320e
지혜로운 sophos 314c(3회)
진상(眞相), *참모습, *진리, *진실
alētheia 321b cf. 참된, 실재
진실 → 참된
질문하다 eresthai 313a(세 번째 '질문
하다'), 314a(첫 번째 '질문하다'),
321c, d cf. 묻다
질문하다 aneresthai 313a(2회: 첫 번
째와 두 번째 '질문하다'), c, 314a
(두 번째 '질문하다') cf. 묻다
질문하다 pyntyanesthai 315e cf. 묻
다

차이가 있다 diapherein 313a(2회), b
찬양 enkōmion 319c cf. 칭찬
찬양하다 enkōmiazein 319b, d cf.
칭찬하다, 칭송하다

참된, 맞는, 진실 alēthēs cf. 진상,
실재
— 참된 314e, 315a
— 맞는 317b, 318b
— 진실 alēthē 321b
청동(의) chalkous 320c(2회)
체육 선생, *체육 훈련사 paidotribēs
318a
초혼(招魂) 대목(『오뒤세이아』의)
Nekuia 319d
추구하다 zētein 314d
추한, 부끄러운, *비천한 aischros
cf. 아름다운
— 추한 314d, 316b(4회)
— 부끄러운 321d
취함, *술 취함 methē 320a
치리, *질서 지음, *조직화
diakosmēsis 317c cf. 경영, 관
리하다
치료에 관한, 치료(의), *의술적인,
*의료적인 iatrikos cf. 의술
— 치료에 관한 316e(2회)
— 치료(의) 316e(치료법들:
iatrikoi nomoi)
치유, *건강 hygieia 315c, d
칭송하다, *찬사를 보내다 eulogein
320e cf. 칭찬하다, 비방하다
칭찬 epainos 319d(2회)
칭찬하다 epainein 319a(2회) cf. 비

난하다, 칭송하다, 비방하다

키타라 연주자 kitharistēs 317e

터무니없는 이야기를 하다 ouden
legein 319e
통치하다, *바르게 만들다/이끌다
euthynein 320d
튼튼하게 하다 synistanai 321c

파괴하다 apollynai 314d
평판 → 의견
평판이 나쁜 kakodoxos 321a cf. 좋
은 평판을 얻는
포도주, *술 oinos 320a
피리 곡 aulēma 318b
피리 연주에 능한, 피리 연주의
aulētikos
— 피리 연주에 능한 317e
— 피리 연주의, *피리 연주
에 관한 318b(피리 연주법들:
kēpourikoi nomoi)
피리 연주자, *아울로스 연주자
aulētēs 317e
필연적인, 그럴 수밖에 없는 anankē
— 필연적인 316d
— 그럴 수밖에 없는 317c
필요 chreia 318b

하다 → 만들다
…할 수 있다 → 능력을 갖다
함께 지내다 syngignesthai 319c, d
합의하다, 합의에 이르다 homologein
cf. 동의에 이르다
— 합의하다 317d
— 합의에 이르다 315e
행동 ergon 318e cf. 말
행복하다 eudaimonein 320b
행하다 → 만들다
현을 퉁겨서 낸 음 krouma 217d
형편없는, *나쁜 ponēros 314e(4회),
319a(2회) cf. 쓸 만한
훌륭한, 좋은 agathos cf. 쓸 만한,
가장 훌륭한, 가장 뛰어난, 더
좋은
— 훌륭한 317b, d(2회), 318b,
c, d, 319a(2회), 320b, c, 321b
(2회), c(2회), d
— 좋은 314d, 321d

희랍어 – 한국어

adelphos 유사한
adikia 부정의
adikos 부정의한
agathos 훌륭한, 좋은
agrios 야만스러움을 가진

dēmoterpēs 대중에게 즐거움을 주
는

dēpou 분명

dēta 분명, 도대체, 물론

diagignōskein 구별하다

diakosmēsis 처리

dianemein 배분하다

dianoeisthai 계획하다, 간주하다

dianomē 배분

diapherein 차이가 있다

diatheasthai 검토하다

dikaios 정의로운

dikaiosynē 정의

dikastēs 재판관

dikazein 재판하다

dioikein 경영하다

dioikēsis 경영

dogma 의결

doxa 의견, 평판

dynasthai 능력을 갖다, …할 수 있
다, 권력을 행사하다

eidenai 알다

eikos 그럴법한

einai 실재하다

ekphainein 드러내다

enchytristria 잿더미에서 뼈를 수습
하여 항아리에 넣는 여인

enkōmiazein 찬양하다

enkōmion 찬양

ennoein 곰곰이 생각하다, 마음속에
떠올리다

enteinein 도마에 올려놓다

epainein 칭찬하다

epainos 칭찬

episkeptesthai 살펴보다

epistasthai 알다(…할 줄 알다)

epistēmē 앎

epistēmōn 아는 (사람), 앎을 가진
(사람)

epos 시행(詩行)

eresthai 질문하다

ergon 행동

erōtan 묻다

eudaimonein 행복하다

eudokimos 좋은 평판을 얻는

eulabeisthai 주의를 기울이다

eulogein 칭송하다

euthynein 통치하다

examartanein 잘못을 범하다

exeuresis 발견

exeuriskein 발견하다

gē 땅

geōrgikos 농사에 관한, 농사(의)

geōrgos 농부

geras 상(賞)

gignōskein 알아내다

gymnazein 단련시키다

hamartanein 오인(誤認)하다

haplōs 무턱대고

harmozein 어울리다

helkein 무게가 나가다

hērōs 영웅

heurēma 발명품

heuresis 발견

heuriskein 발견하다

hieros 성스러운

holos 전체(의), 일반적인

homoios 비슷한, 똑같이(homoiōs)

homologein 합의하다, 합의에 이르
다

horan 보다

hōsautōs 똑같은 식으로

hosios 경건한

hygieia 치유

hygieinos 건강한

hypēresia 보조

hypolambanein 상정하다

hypomimnēskein 상기시키다

iatrikē 의술

iatrikos 치료에 관한, 치료(의)

iatros 의사

kakēgorein 비방하다

kakodoxos 평판이 나쁜

kalos 아름다운, 멋진

kamnein 아프다

katadēlos 명백한

kataphainesthai 분명해 보이다

kēpōn ergasia 정원 일

kēpos 정원

kēpourikos 정원 관리에 관한, 정원
관리(의)

kēpouros 정원사

kinein 움직이다

kitharistēs 키타라 연주자

koinos 공동의

kouphos 가벼운

kratistos 가장 뛰어난

krouma 현을 퉁겨서 낸 음

laos 백성

(ta) legomena 말해지는 것들

logos 말, 이야기

loipos 남아 있는

mageirikos 요리(의)

mageiros 요리사

makros logos 긴 이야기

manthanein 배우다

mantikē 예언술

mantis 예언자

melei 신경 쓰다

melos 노래

menein 유지되다

(to) mē on 실재 아닌 것

metapetteuein 장기판의 말처럼 움
직이다

metatithenai 바꾸다

methē 취함

miaros 부정(不淨)한

mythos 설화

Nekuia (『오뒤세이아』의) 초혼(招魂) 대목

nemein 배분하다, 먹여 기르다

nemesan 의분을 느끼다

nomeus 배분자

nomikos 법에 능한

nomimos 준법적인, 적법한, 규정들 (nomimata)

nomizein 받아들이다

nomizesthai 받아들여지다

nomophylax 법 수호자

nomothetēs 입법자

nomos 법

nosōdēs 병적인

oaristēs 담소를 나누는 자

oaros 담소

oinos 포도주

(to) on 실재

opsis 봄

opsou skeuasia 음식 조리

orthos 옳은, 제대로(인)

ouden legein 터무니없는 이야기를 하다

paideia 교육

paidia 놀이

paidika 소년 애인

paideuein 교육하다

paidotribēs 체육 선생

palaios 오래된, 옛

(to) pan 전체

pankalos 지극히 아름다운

peisthesthai 설득되다

phainesthai 드러나다, 보이다, …인 것 같다

phaulos 보잘것없는

phēmē 소문

philios 우정의

phlauros 보잘것없는

phoitan 다니다

phōnē 소리

phrazein 보여주다

pithanos 설득력 있는

poiein 만들다, 시를 만들다, 하다, 행하다

poiēsis 시

poiētēs 시인

poiētikos 시에 능한

poimēn 목자, 양치기

polemein 전쟁을 걸다

polis 국가, 나라, 도시

politēs 시민, 동료 시민

politikos 정치적인, 정치술을 가진, 국가적인

(hoi) polloi 다중들

ponēros 형편없는

ponos 고된 일

pragma 사물

procheiron 준비가 되어 있는

promētheia 사전 숙고

psegein 비난하다

psēphisma 법령

psychagōgikos 영혼을 매혹시키는

psychē 영혼

pyntyanesthai 질문하다

sēmainein 의미하다

skemma 숙고

skeptesthai 숙고하다, 살펴보다

skeptron 왕홀

skopein 숙고하다, 살펴보다

sōma 몸

sōphronein 건전한 정신을 갖다

sōizein 보존하다

sophia 지혜

sophistēs 소피스트

sophos 지혜로운

sperma 씨앗

stratēgos 장군

symbainein 동의에 이르다

sympaistēs 놀이친구

sympinein 더불어 술을 마시다

symposion 술잔치

sympotēs 술친구

syngignesthai 함께 지내다

syngramma 저술

syngraphein 저술하다

synistanai 튼튼하게 하다

synnomizein 똑같이 받아들이다

synousia 교제

synousiastēs 동반자

technē 기술

tekmērion 증거

thaumastos 놀라운, 놀랄

theios 신적인

theos 신

thnētos 가사적(可死的)인

thyein 제물로 바치다, 바치다, 제사 지내다

timōrein 앙갚음을 하다

tragikos 비극에 나오는

tragōidia 비극

tragōidopoios 비극 작가

trophē 자양분

zētein 추구하다

고유명사

사랑하는 사람들

작품 내용 구분

(3) 많은 단련이 **몸을** 좋게 만드는가?: (애지인) "많은 단련이 몸을 좋게 만든다." (133e6~134a2)

(4) (체육인) "많은 단련이 아니라 적당한 단련이 몸을 좋게 만든다." (134a3~b4)

(5) 애지인의 이중적 태도와 동의 (134b5~c6)

(6) 음식의 경우: 적당한 음식이 몸에 유익하다. (134c7~d3)

(7) 영혼의 경우에 적용: 적당한 배울거리가 영혼에 유익하다. (134d4~11)

(8) 몸과 관련하여 적당한 단련이나 음식, 씨앗의 문제는 의사나 체육선생, 농부에게 물어야 한다. (134e1~5)

(9) 영혼과 관련하여 적당한 배울거리의 문제는 누구에게 물어야 할까? [아포리아] (134e6~135a5)

3. 지혜 사랑하는 사람에게 알맞은 아름다운 배울거리는 무엇인가? 이인자 기술인가? [애지인의 제안과 그것에 대한 검토] (135a6~137b6)

 1) 지혜 사랑하는 사람은 무엇을(즉, 어떤 종류의 배울거리들을) 배워야 하는가?: (애지인) "자유인에게 알맞은 이인자적 기술" (135a6~136b2)

  (1) (애지인) "가능한 한 많은 기술들, 특히 자유인에게 알맞은 기술(실무적 기술이 아니라 전체를 이해, 통합하는 기술)들을 배워야 가장 많은 명성을 얻는다." (135a6~c4)

  (2) (애지인) "기술자처럼 엄밀하게가 아니라 자유인에게 알맞은 만큼, 즉 기술자의 말과 행위를 잘 따라갈 수 있을 만큼 알아야 한다." (135c5~d7)

  (3) 이인자 기술: 오종경기 선수 비유. (애지인) "해당 기술들 각각의 노예가 될 만큼 엄밀하게는 아니지만 해당 기술자 외의 사람들에게 뒤지지는 않을 정도로 '적당히' 각 기술에 접해야 한다." (135d8~136b2)

 2) 이인자 기술의 쓸모에 대한 검토: 기술자가 있을 때 이인자는 쓸모없

다. [소크라테스의 둘째 논박] (136b2~137b6)

(1) 지혜 사랑하는 사람은 쓸모 있다. (136b2~c2)

(2) 이인자인 지혜 사랑하는 사람의 쓸모 검토: 의술, 항해술 등에서 이인자보다 해당 기술자에게 의존하는 것을 통해 볼 때, 이인자인 지혜 사랑하는 사람은 쓸모없다. (136c3~e4)

(3) 이인자 기술 논의의 반성: 지혜 사랑하는 사람이 쓸모없다는 귀결은 지혜 사랑이 아름다운 것이라는 원래의 합의된 전제와 모순된다. 문제는 지혜 사랑이 기술들에, 즉 많은 배움에 관계한다는 전제에 있었다. (136e5~137b6)

4. 사람들을 가장 좋게 만드는 기술이란 어떤 기술인가? 사람들을 가장 좋게 만드는 하나의 기술(즉, 정의와 절제)을 연마해야 한다. (137b6~139a8)

1) 누군가를 가장 좋게 만드는 기술은 제대로 벌주는 기술이면서 쓸모 있는 자와 쓸모없는 자를 분간하는 기술이다. (137b6~d9)

(1) 가장 좋게 만드는 기술 = 제대로 벌주는 기술 (137b6~c8)

(2) 가장 좋게 만드는 기술이자 제대로 벌주는 기술 = 쓸모 있는 자와 쓸모없는 자를 분간하는 기술 (137c9~d4)

(3) 하나에게 적용되는 기술이 여럿에게도 적용된다. (137d5~9)

2) 그 제대로 벌주는 앎이 정의(사법술)이며, 자신과 타인의 쓸모 있음과 없음을 분간할 줄 아는 앎으로서의 절제이기도 하다. (137d10~138b6)

(1) 제대로 벌주는 앎이 정의(사법술)이며, 이는 쓸모 있는 사람과 없는 사람을 분간하는 앎이기도 하다. (137d10~e3)

(2) 하나를 아는 것과 여럿을 아는 것은 상호 함축한다. (137e4~7)

(3) 자기 종에서 쓸모 있는 것과 쓸모없는 것을 아는 것이 자신을 아는 것이며, 그것이 곧 절제다. (137e8~138a8)

(4) 자신을 알라는 권고는 결국 절제와 정의를 연마하라는 권고이며, 절제와 정의는 같다. (138a9~138b6)

3) 정의는 통치술(즉, 정치술 및 군왕술과 참주술. 텍스트에 나오지 않

만 세 기술을 포괄하는 용어로 편의상 도입함)과 가정 경영술이기도 하다. 결국 통치술, 가정 경영술, 정의, 절제는 모두 하나의 기술이다. (138b7~c11)

(1) 정의는 통치술이기도 하다. (138b7~18)

(2) 정의는 가정 경영술이다. (138c1~6)

(3) 결국 통치술, 가정 경영술, 정의, 절제는 모두 하나의 기술이다. (138c7~11)

4) 지혜 사랑하는 사람은 그 하나의 기술에 있어서 이인자가 아니라 일인자가 되어야 한다. (138d1~139a3)

(1) 다른 기술들의 경우 기술자의 말과 행동을 못 따라가는 것이 수치스러운데, 이 통치, 경영의 영역에서는 더더욱 그렇다. (138d1~9)

(2) 지혜 사랑하는 사람은 쓸모없는 이인자 자리에 머물러서도 안 되며, 그 하나의 기술에 있어서 자신이 일인자가 되어 직접 경영하고 통치해야 한다. (138e1~139a3)

5) 논의 마무리와 반응 (139a4~8)

(1) 논의 마무리: 지혜 사랑은 많은 배움이 아니다. (139a4~5)

(2) 논의에 대한 두 젊은이와 두 아이의 반응 (139a6~8)

등장인물

소크라테스

이 작품의 대화를 들려주는 사람이다. 특정되지 않은 과거 어느 시점(예컨대, 『국가』는 '어제'의 대화를 들려준다)에 그가 글 선생 디오뉘시오스의 학교(즉, 플라톤이 어린 시절 다녔다고 이야기되기도 하는 학교) 건물에 (아마도 초대받지 않은 채) 들어가서 나누게 된 대화를 들려주고 있다. 플라톤 작품 속에서 소크라테스는 흔히 등장인물 가운데 한 사람으로 나와 대화를 이끌어 가는 모습으로 재현된다. 그런 통상의 설정과 달리 이 작품에서는 소크라테스 자신이 직접 화자로 등장한다. 말하자면 유일한 등장인물로 나와 청자 혹은 독자에게 자신이 나누었던 대화에 대해 들려준다. 이렇게 소크라테스가 직접 화자가 되어 자신이 참관한 대화 내용을 처음부터 끝까지 전달해 주는 방식으로 전개되는 작품은 플라톤의 작품들 가운데 셋이 더 있다. 『카르미데스』, 『뤼시스』, 『국가』가 그러한데, 이 작품들과 세팅, 분위기, 주제 등의 측면에서 비교하며 읽어 볼 만하다. 통상 소크라테스는 아름다운 젊은이/소년(kalos neos)에게 매우 관심이 많으며 그걸 노골적으로 드러내곤 하는데(『카르미데스』와 『뤼시스』에서 잘 드러나며, 이 작품의 경우도 133a에 잘 개진되어 있다.), 이 작품에서는 그가 두 소년이나 두 젊은이 어느 쪽에 대해서도 그들 각 개인의 개별적인 성격이나 특징은 고사하고 이름조차 거론하고 있지 않다는 점이 매우 특이하다.

[전달되는 대화 내 등장인물]

소크라테스

전달자이면서 동시에 전달되는 대화 내에서 대화를 시종일관 주도하는 사람이다. 그가 대화를 나누게 되는 대화 상대자는 한 소년을 사랑하는 두 젊은이인데, 그들을 스스럼없이 대하는 모습으로 볼 때 서로 구면이고(적어도 젊은이 쪽에서는 소크라테스의 이름을 알고 있다) 상당히 친숙한 관계(혹은 친숙함을 드러내려는 관계)로 설정되어 있다고 할 수 있다. 그의 나이와 관련된 구체적인 언급은 찾기 어렵지만, 느낌이나 분위기로 미루어 볼 때 아마도 두 연적 젊은이보다는 꽤 연상인 것으로 설정되어 있지 않은가 싶다.

체육을 사랑하는 젊은이(= '체육인')

소크라테스가 처음 말을 걸면서 구면인 게 분명한 이 사람을 '젊은이'(neania: 132c1)라 부른다. 면식은 있는데 소크라테스가 아직 그의 이름은 모르는 것일 수도 있지만, 아마도 더 그럴듯하기로는, 이름을 아는데 일부러 이름을 부르지 않는 것일 수 있다. (이는 지혜를 사랑하는 젊은이에게도 똑같이 적용되며, 이런 익명 처리의 의미와 의의가 무엇인지 곰곰이 음미할 만하다.) 말/논변이나 논쟁으로 대변되는 지혜 사랑을 하찮게 여기는 대신 실제 행위, 즉 음식과 운동으로 몸 만드는 일에 진지한 관심을 보이는 젊은이로 등장한다. 그가 연적인, 지혜를 사랑하는 젊은이와의 사이에서 만들어가는 대립과 긴장이 이 작품을 추동하는 핵심축이다.

지혜를 사랑하는 젊은이(= '애지인')

체육을 사랑하는 젊은이의 삶이 '인간적'이지 않다고 폄하하며(133b), 지적 호기심을 갖고 박식으로서의 지혜 사랑에 열중하는 데 자부심을 가진 젊은이다. 연적과의 경쟁을 의식하며 호승심에 차서 '이중적'인 태도 표명도 서슴지 않거나(133d~e, 134c 등) 논쟁에서 궁지에 몰려 수치스러워하는(134b, 139a 등) 등 젊은이 특유의 치기나 박력을 드러내기도 하는 인물이다. 소크라테스와 '한편임'을 은근히 과시하고 인정받으려 하지만, 적어도 외견상으로는 대화 경쟁에서 '밀리는' 모습이 가장 확연히 노출되는 인물이다.

두 소년

'메이라키온'(meirakion: 132a4)이라고 지칭되는 이 두 '아이'는 아마도 디오뉘시오스의 학교에 정식 등록된 학생들일 터인데, 이런 학교의 학령 상한선이 대략 16세(혹은 18세)임을 감안하면 대략 10대 초중반가량의 '청소년'들일 것으로 추정된다. 지칭의 편의를 위해 그냥 '소년'으로 부르기로 한다. 하지만 아주 어린 연령대까지 포괄하는 '파이스'(pais)로 지칭되지는 않는다. 즉, 두 '젊은이'와의 연령 차이가 아주 크지는 않은 설정으로 보인다는 점은 특기할 만하다(연령 설정에 관한 상세한 내용은 미주 8을 참고할 것). 화자 소크라테스가 보기에 이들은 외모가 출중하고 귀티가 나는 귀족 집안 출신이며, 소크라테스 이전 자연철학 내지 천문학에 매우 진지하고 열정적인 태도로 임하면서 논쟁적이고 호기심이 많은 것으로 묘사되어 있다. 비슷한 설정과 분위기의 두 작품 『카르미데스』, 『뤼시스』에서와 달리 이 작품에서는 두 소년이 익명으로 처리될 뿐만 아니라 대화에 참여하지 않는다는 점도 상당히 특기할 만하다. 철저히 수동적이고 존재감 없이 등장하는 듯하지만, 두 젊은이의 경쟁을 경청하고 심사하는 무언의 평가 권력 담지자이기도 하다.

일러두기

- 기준 판본

  번역의 기준 판본은 옥스퍼드 고전 텍스트(OCT) 시리즈의 해당 부분으로 삼고, 쪽수 표기도 그곳에 언급되어 있는 '스테파누스 쪽수'를 따른다(예: 313a). 거기서 언급되는 주요 사본들은 다음 사본들을 가리킨다.

  B = cod. Bodleianus, MS. E. D. Clarke 39

  T = cod. Venetus Append. Class. 4, cod. 1

- 괄호 사용

  1) 둥근 괄호 ( )는 다음의 경우에 사용한다.

    (1) 괄호 안의 내용과 밖의 내용에 동일성이 성립하여 바꿔 쓸 수 있는 경우

      ① 우리말 번역어에 해당하는 한자어를 병기하거나 원어를 밝히기 위해 사용한다. 이때 희랍어 단어는 읽는 이의 편의를 위해 로마자로 표기한다.

      ② 제시된 희랍어(특히 희랍 신 이름)의 뜻을 밝혀 주기 위해 사용한다. 예: 카오스(틈)

      ③ 반대로 우리말 번역어의 희랍어 원어(특히 신 이름)를 밝혀 주기 위해서도 사용한다. 예: 천상의(우라니아)

    (2) 괄호 안의 내용이 밖의 내용과 바꿔 쓸 수 없는 경우

      ④ 말의 앞뒤 흐름이 끊기고 다른 말이 삽입됨으로 해서 생각의 연결이 잘 드러나지 않을 때 삽입된 말을 묶기 위해 사용한다. 본문이 아닌 주석 등에서 앞의 말에 대한 상세한 설명이나 부연을 할 때도 사용한다.

      ⑤ 주석 등에서 어떤 말을 넣어서 읽거나 빼서 읽거나 둘 다가 가능한 경우에 사용되기도 한다. 예: (성문)법을, 꿈(의 신)이

  2) 삼각 괄호 〈 〉는 사본에 없지만 보충되어야 한다고 텍스트 편집자가 판단한 내용을 표시하기 위해 사용한다.

  3) 사각 괄호 [ ]는 주석 등에서 다음의 용도로 사용한다.

    (1) 문맥 이해에 도움을 줄 목적으로 옮긴이가 원문에 없는 내용을 삽입 혹은 보충

할 때 사용한다.

(2) 괄호가 중복될 때 둥근 괄호보다 상위의 괄호로 사용한다.

- 표기법

  고유명사 등 희랍어 단어를 우리말로 표기할 때는 고전 시대 발음에 가깝게 표기한다. 특히 후대 희랍어의 요타시즘은 따르지 않는다. 다만 우리말 안에 들어와 이미 굳어진 것들은 관행을 존중하여 표기한다.

- 연대 표시

  이 번역에 언급되는 연대는 기본적으로 기원전 연대다. 혼동의 여지가 있거나 다른 특별한 이유가 있을 때를 제외하고는 대개 '기원전'을 덧붙이지 않는다.

사랑하는 사람들[1]

소크라테스

글 선생 디오뉘시오스의 학교 건물에 들어갔는데,[2] 거기서 젊 132a
은 사람들 가운데[3] 외모가 가장 괜찮다는[4] 평판을 들을 뿐만 아
니라 명망 있는 아비지들[5]을 가진 사람들과 그들을 사랑하는 사
람들[6]을 보았어요.[7] 그때 그 아이들[8] 중 둘이 마침 쟁론을 벌이
고[9] 있었는데, 무엇에 관해서인지는 아주 분명하게 들리진 않더
군요.[10] 하지만 아낙사고라스[11]에 관해서거나 아니면 오이노피데 b
스[12]에 관해서 쟁론하는 것 같기는 했어요. 어쨌거나 원들을 그
리는 것 같았고, 몸을 구부리고 두 손으로 어떤 기울기들[13]을 재
현하고 있었어요. 그것도 아주 열심을 가지고서 말이죠. 그때 내
가 (실은 그 둘 중 하나를 사랑하는 사람 옆에 앉아 있었거든요.) 그래
서 팔꿈치로 그를 쿡 찌르면서 물었죠. 대체 그 두 아이가 무엇
에 그토록 열심인 건지 말이에요. 이렇게 말했지요. "둘이 저렇
게 열심을 보인 것이, 아마도 뭔가 대단하고 아름다운 것을 두고

저러는 거겠네요?"

그가 말하더군요. "대단하고 아름답기는 무슨!" 하고 말했어요. "그러니까 애들이야말로 천상의 것들에 관해 나불거리고[14] 있고, 지혜를 사랑하면서[15] 허튼소리를 해대고[16] 있지요."

c   그러자 내가 그의 대답에 놀라서 말했어요. "젊은이, 지혜를 사랑함[17]이 당신에겐 추한[18] 것으로 보이나요? 아니면 왜 그렇게 험하게[19] 말하는 거죠?"

그러자 또 다른 젊은이가 (실은 그 사람 옆에 마침, 연적인 이 사람이 앉아 있었거든요.) 내 물음과 저 젊은이의 대답을 듣고는 말하더군요.[20] "이 사람에게 지혜 사랑[21]이 추한 것이라 생각하느냐고 더 묻는 것조차[22] 적어도 당신한테는 어울리지 않는[23] 일을 하고 있는 겁니다. 이 사람이 목조르기[24]와 음식 실컷 채워 넣기와 잠자기로 일생을 보냈다는 걸 알지 않나요? 그러니, 지혜 사랑이 추한 것이라는 대답 말고 그가 무슨 대답을 할 거라고 당신은 생각했습니까?"

d   그 두 사랑하는 사람 가운데서 이 사람은 시가[25]로 시간을 보낸 반면, 다른 한 사람, 즉 이 사람이 험담하고 있는 그 사람은 체육[26]으로 시간을 보낸 거죠. 그래서 난 그 다른 한 사람, 즉 내 질문을 받고 있던 사람[27]은 (자기 스스로도 말들[28]에 관해서가 아니라 실제 행위들에 관해서 경험 있다고 자처하고 있으니) 그냥 놔두고,

대신 더 지혜롭다[29]고 자처하는 그 사람에게 조곤조곤 질문해 보아야겠다는 생각이 들었어요. 내가 능력이 닿는 한 그에게서 뭔가 유익한 걸 얻어 볼까 싶기도 했죠. 그래서 내가 말했어요. "내가 물었던 게 당신들 둘 다에게 공통으로 해당되는 질문이긴 했지요. 하지만 당신 자신이 이 사람보다 더 아름답게[30] 대답할 수 있다고 생각하면, 이 사람에게 물었던 바로 그 똑같은 질문을 당신에게 하겠습니다. 지혜를 사랑함이 당신에겐 아름다운 것으로 보이는지, 그렇지 않은지 말입니다."

그런데 우리가 대충 이런 말들을 하고 있을 때 귓결에 들은 그 133a 두 아이가 조용해지더니, 자기들 스스로 쟁론[31]을 멈추고는 우리의 말에 귀 기울이기 시작하더군요.[32] 그러자 그들을 사랑하는 사람들이 마음이 어떤 상태였는지는[33] 알지 못하지만, 어쨌든 나 자신은 아뜩해지더군요.[34] 난 도대체 젊고 아름답기까지 한 사람들 때문에 늘 아뜩해지거든요. 하지만 내가 보기에 다른 한 사람[35]도 나 못지않게 고투하는 것 같았어요.

그러면서도 그는 내게 대답은 하더군요. 그것도 아주 자신만만하게[36] 말이죠.[37]

"정말이지, 소크라테스," 하고 그가 말했어요. "내가 지혜를 사랑함이 추한 것이라고 여긴다면, 나는 나 자신이 인간도 아니라 b 고 생각할 것이고, 이런 태도를 보이는 다른 어느 누구에 대해서도 마찬가지일 겁니다." 자기 연적을 가리키며 큰 목소리로 말했지요. 자기 소년 애인이 자기 말을 뚜렷이 듣게 하려고 말이죠.

그러자 내가 말했어요. "그러니까 지혜를 사랑함이 당신에겐 아름다운 것으로 보인다는 거네요?"

"물론 그렇습니다." 그가 말하더군요.

"그럼 이건 어떤가요?" 내가 말했어요. "어떤 대상[38]에 대해서든, 누군가가 애초에 그게 무엇인지 알지 못하는 것이라고 해도, 그것이 아름다운 것인지 추한 것인지를 알 수 있다고 당신은 생각하나요?"

"아닙니다." 그가 말했어요.

c "그럼 당신은 지혜를 사랑함이 무엇인지 아나요?" 내가 말했어요.

"물론입니다." 그가 말했어요.

"그럼 그게 뭔가요?" 내가 말했어요.

"솔론이 말한 것 말고 달리 무엇이겠습니까? 어디선가[39] 솔론이 말했지요.

'그리고 나는 늙어 가노라. 늘 많은 가르침들을 받으면서.'[40]

라고 말입니다. 내가 보기에도 지혜를 사랑하고자 하는 사람은 젊든 나이 들었든 간에 이렇게 늘 적어도 뭔가 하나는 배우고 있어야 합니다. 사는 동안 최대한 많이 배울 수 있도록 말이죠."

그때 내겐 처음에는 그가 뭔가 의미 있는 말을 한 것으로 보였어요. 하지만 얼마간 숙고를 해본 후에 난 그에게 물었지요. 지혜 사랑이란 많은 배움[41]이라고 생각하느냐고 말이에요.

그러자 저 사람이 "물론이죠."라고 말하더군요.   d

"그건 그렇고, 당신이 생각하기에 지혜 사랑은 아름다운 것일 뿐인가요, 아니면 좋은 것이기도 한가요?" 내가 말했어요.

"좋은 것이기도 하지요." 하고 그가 말했어요. "아주 많이요."

"그럼 당신이 보기에 이것은 지혜 사랑에만 특유한 어떤 것인가요, 아니면 다른 것들에서도 그렇다고 생각하나요? 이를테면 당신이 생각하기에 체육 사랑[42]은 아름다운 것일 뿐만 아니라 좋은 것이기도 한가요, 혹은 그렇지 않은가요?"

그러자 그 사람은 그야말로 아주 의뭉스럽게 이중의 말로 답하더군요. "이 사람을 상대로는 둘 중 어느 쪽도 아니라는 게 내 대답이라 해 두지요. 하지만 소크라테스, 당신을 상대로 해서는 그것이 아름다운 것이면서 좋은 것이기도 하다는 데 난 동의합 e
니다. 그러는 게 올바르다고 생각하니까요."

그래서 내가 질문했지요. "그럼 당신은 체육[43]에서도 많은 단련[44]이 체육 사랑이라고 생각하나요?"

그러자 그가 말했어요. "물론이죠. 지혜를 사랑함에서도 많은 배움이 지혜 사랑이라고 생각하는 것과 꼭 마찬가지로 말입니다."

그러자 내가 말했지요. "자, 그런데 당신은 체육을 사랑하는 사람들[45]이 그들의 몸을 좋은 상태로 만들어 주게 될 그런 것 말고 다른 뭔가를 욕망한다고 생각하나요?"

"바로 그것만 욕망하지요." 그가 말했어요.

"그럼 많은 단련이 몸을 좋은 상태로 만들어 주는 건가요?" 내가 말했지요.

134a "그렇지요. 하긴," 하고 그가 말하더군요. "적은 단련으로부터 어떻게 누군가가 자기 몸을 좋은 상태로 가질 수 있겠어요?"

그때 난 이쯤이면 이미 체육 사랑하는 사람[46]을 부추길 때가 됐다는 생각을 하게 되었어요. 체육에 대해 숙련되어 있기 때문에 나에게 도움을 줄 수 있겠다 싶었죠. 그래서 그에게 물었어요. "그런데, 이봐요 아주 훌륭한 친구, 이 사람이 이런 말들을 하고 있는데 당신은 왜 잠자코 있나요? 사람들이 몸을 좋은 상태로 가지는 것이 많은 단련으로부터라고 당신도 생각하나요, 아니면 적당한[47] 단련으로부터인가요?"

"나로서는, 소크라테스," 하고 그가 말하더군요. "이건 속담마따나 돼지조차도[48] 알 거라고 생각했지요. 적당한 단련이 몸을 b 좋은 상태로 만들어 준다는 것 말입니다. 그러니 적어도 사람[49] 이라면 아무리 잠 못 자고 음식을 제대로 못 먹었다고 해도, 목

살갗이 벗겨져 있지 않고[50] 생각들이 많아 가냘픈(leptos) 사람이라 해도[51] 어찌 이걸 모르겠습니까?"

그리고 그가 이 말을 하자 아이들이 즐거워하며 웃음을 터뜨렸고, 다른 한 사람은 얼굴을 붉히더군요.[52]

그때 내가 말했지요. "자, 그럼 어떤가요? 당신[53]은 이제 인정하나요? 사람들 몸을 좋은 상태로 만들어 주는 건 많은 단련도 적은 단련도 아니고 적당한 단련이라는 걸 말이에요. 아니면 그 논변에 관해서 우리하고 싸울 건가요? 우린 둘인데 말이에요."

그러자 그 사람이 말했어요. "이 사람하고는 아주 기꺼이 겨루렵니다. 또 나는, 내가 설사 이것보다 훨씬 더 보잘것없는 입론을 제시했다고 하더라도, 내가 제시한 입론을 충분히 옹호할 수 있으리라는 걸 잘 알고 있습니다. 그는[54] 아무것도 아니거든요. 하지만 당신하고는 상식을 거슬러 가며[55] 이기려 기를 쓰고 싶은 마음이 조금도 없습니다. 그저, 사람들에게 좋은 상태[56]를 만들어 주는 게 많은 체육 훈련[57]이 아니라 적당한 체육 훈련이라는데 동의합니다."

"자, 그럼 음식은 어떤가요? 적당한 음식인가요, 아니면 많은 음식인가요?" 내가 말했어요.

음식의 경우도 마찬가지라고 그는 동의하더군요.

그리고 나는 계속해서, 몸에 관련된 다른 모든 것들의 경우에도 많은 것이나 적은 것이 아니라 적당한 것이 가장 유익하다는

c

d

데 그가 동의하도록 다그쳤지요. 그러자 그는 적당한 것이 그렇다고 내게 동의하더군요.

"자, 그럼 영혼에 관련된 것들은 어떤가요? 영혼에 투여되는 것들[58] 가운데 적당한 것들[59]이 이로움을 주나요, 아니면 적당함을 벗어난 것들[60]이 이로움을 주나요?" 내가 말했지요.

"적당한 것들[61]이지요." 그가 말했어요.

"그런데 배울거리들[62]도 영혼에 투여되는 것들 가운데 하나 아닌가요?"

그가 동의했어요.

"그러니까 이것들 가운데서도[63] 많은 것들이 아니라 적당한 것들이 이로움을 주겠지요?"

그가 동의하더군요.

"그렇다면[64] 우리가 몸과 관련해서 어떤 종류의 단련이나 음식이 적당한가 하는 것을 묻는다고 할 때 누구에게 물어야 마땅할까요[65]?"

우리 셋은 의사나 체육 선생에게라는 데 의견이 일치했어요.

"그리고 씨앗을 뿌리는 일에 관해서 얼마만큼이 적당한가 하는 것은 누구에게 물어야 할까요?"

이것에 관해 우리는 농부에게라는 데 의견이 일치했어요.

"그리고 우리가 영혼에다 배울거리들을 심고 뿌리는 일과 관련해서 질문한다고 할 때, 얼마만큼의 것들이, 그리고 어떤 종류의 것들이 적당한가 하는 것을 누구에게 물어야 마땅할까요?"

그땐 이미 우리 모두가 온통 막막한 상태에 빠져버렸지요. 그   135a
래서 내가 그들에게 장난스럽게 물었지요. "우리가 막막한 상태
니까 우리가 여기 이 아이들에게 물어봤으면 하고 당신들은 바
라나요? 아니면 어쩌면 우리가 마치 호메로스가 이야기했던 것,
즉 구혼자들이 활시위를 당길 다른 누군가가 있을 거라고 기대
하지 못하는 것[66]과 같은 그런 수치스러운 상황에 처해 있는 건
가요?" 내가 말했어요.

그러자 그들이 그 논변[67]에 대해 의기소침해진[68] 것으로 보이
기에, 나는 다른 방식으로 숙고해 보려고 시도하면서 말했지요.
"우리가 추측하기로, 배울거리들 가운데서도 특히 어떤 종류의
것들이 지혜를 사랑하는 사람이 배워야 할 것들일까요? 그가 모
든 것들을 배워야 하기는커녕 많은 것들을 배워야 하는 것도 아
니니까 말이죠."

그러자 더 지혜로운 사람[69]이 말을 받아 대답하더군요. "배울   b
거리들 가운데서 가장 아름답고 알맞은 것은 그것으로부터 누군
가가 지혜 사랑에 있어서 가장 많은 명성[70]을 얻게 될 그런 배울
거리들일 겁니다. 그런데 그가 가장 많은 명성을 얻게 되는 것은
모든 기술들에 대해 숙련되어 있다[71]는 평판을 받을 때일 겁니
다. 혹은 그렇게까지는[72] 아니더라도 적어도 가능한 한 많은, 그

것도 특히 주목할 만한 기술들에 대해 숙련되어 있다는 평판을 받을 때일 겁니다. 그런 것들 가운데 자유인들이 배우기에 알맞은 것들(즉, 손재주가 아니라 이해에 속한 것들)[73]을 배움으로써 그런 평판을 받게 되지요."

"그럼 당신은 목수 기술의 경우와 같은 이야길 하려는 건가요? 그 경우에도 목수는 5므나[74]나 6므나만 주면 살[75] 수 있지만 일급[76] 건축가[77]는 1만 드라크마[78]를 주고도 살 수가 없거든요.[79] 그런 사람들은 희랍인들을 다 통틀어 봤댔자 그야말로 소수일[80] 거예요. 당신이 이야기하려는 게 설마 이런 어떤 건가요?"

그러자 그가 내 말을 듣고는 자기도 그런 걸 이야기하려던 거라고 인정하더군요.

그리고 내가 그에게 물었어요. 같은 사람이 많은 대단한 기술은 고사하고라도 단 두 개의 기술만이라도 이런 식으로[81] 배운다는 게 불가능하지 않은가 하고 말이죠.

그러자 그가 말하더군요. "소크라테스, 지혜를 사랑하는 사람이라면 기술들 각각을, 그 기술을 가진 사람 자신이 그렇듯 엄밀하게[82] 알아야 한다는 이야기를 내가 하려는 것으로 받아들이지[83] 마세요. 오히려 내가 이야기하려는 것은 자유인이면서 교육받은 사람에게 알맞은 만큼, 즉 장인(匠人)[84]이 말하는 것들을 그 자리에 와 있는 다른 사람들에 비해 유독 잘 따라갈 수 있을 뿐만 아니라 그 자신이 의견[85]을 보태어 기여할 수도 있어서, 결국 기술들에 관해 어떤 말들과 행위들이 이루어질 때마다 그 자리에 와 있는 사람들 가운데서 가장 세련되고[86] 지혜롭다는 평판을 받게 될 정도로 기술 각각을 알아야 한다는 것입니다."[87]

그래서 내가 (아직 그의 논변이 무엇을 의도하고 있는 건지[88] 확신이 서지 않았기 때문에) 말했어요. "지혜 사랑하는 사람[89]을 어 e 떤 유의 사람이라고 당신이 말하려는 건지 내가 잘 이해하고 있는 건가요? 당신은 이를테면 달리기 선수들이나 레슬링 선수들과 경쟁하고 있을 때의 오종경기 선수들[90]과 같은 사람을 이야기하려는 것으로 내겐 보이거든요. 후자들 역시 전자들의 경기[91]에서는 그들에게 뒤져 그들 다음의 이등에 해당하지만, 다른 선수들 가운데서는 일인자요 그들을 이기니까 말이에요. 당신은 아마 지혜를 사랑함도 그 일에 종사하는 사람들에게 이런 어떤 결 과를 만들어 낸다고 이야기하려는 것 같아요. 기술들에 관한 이 136a 해에 있어서 일인자들에게는 뒤지지만, 이등 자리를 차지함으로써 남들을 능가하며, 이미 지혜 사랑을 이룬 사람[92]이라면 이런 방식으로 무슨 일에든 일종의 이인자가 된다고 말이죠. 당신은 이런 어떤 사람을 가리키려는 것으로 내겐 보이네요."

"소크라테스, 지혜 사랑하는 사람에 관련된 일들에 대해 당신은 정말 아름다운 착상을 갖고 있는 것으로 내겐 보이네요. 그를 오종경기 선수에 비유한 것 말이에요. 그는 영락없이[93] 다음과 같은 유의 사람이니까요. 어떤 일에도 노예가 되지 않고, 어

느 것에도 엄밀하게까지 공을 들이지도 않은, 그래서 장인들처

b 럼 이것 하나에 대한 돌봄 때문에 다른 모든 것들에서 뒤질 정도
까지 되지는 않은, 오히려 그 모든 것들에 적당히[94] 접해 본 그런
사람이지요."

바로 이 대답을 들은 후에 나는 그가 무슨 이야기를 하려는 건
지 분명히 알고 싶은 열망이 들어서 그에게 물었어요. 좋은[95] 사
람들이 쓸모 있다고 생각하는지, 아니면 쓸모없다고 생각하는지
를 말이에요.

"확실히 쓸모 있지요, 소크라테스." 그가 말했어요.

"그럼, 좋은 사람들이 쓸모 있다고 한다면, 형편없는[96] 사람들
은 쓸모없나요?"

그가 그렇다고 동의했어요.

"그럼 이건 어떤가요? 지혜 사랑하는 사람들은 쓸모 있는 사
람들이라고 생각하나요, 아니면 아니라고 생각하나요?"

c 그는 쓸모 있는 사람들이라는 데 동의했고, 게다가 가장 쓸모
있는 사람들이라고 생각한다고 말했어요.

"자 이제, 우리 알아봅시다. 당신 말이 참이라면, 이인자인 이
들이 우리에게 쓸모 있기도 한 지점이 어디인지를 말이에요. 지
혜 사랑하는 사람이 적어도 기술들을 가진 사람들 각각보다는
열등하다는 게 분명하니 하는 말이에요."

그가 동의하더군요.

"자 이제, 당신 자신이나, 당신이 아주 진지하게 대하는 당신 친구들 가운데 누군가가 아프다고 해 봅시다. 건강을 얻고 싶어 하는 당신이 저 이인자인 지혜 사랑하는 사람을[97] 집으로 데려올까요, 아니면 의사를 부를까요?" 내가 말했어요.

"나로선 둘 다를 부를 겁니다." 그가 말했어요. d

"둘 다라고 이야기하지 말고 둘 중 어느 쪽을 더 선호하고 더 먼저 부를지를 이야기하세요." 내가 말했지요.

"적어도 의사를 더 선호하고 더 먼저 부르리라는 데 대해서만큼은 아무도 문제 삼지 않을 겁니다." 그가 말했어요.

"그럼 이건 어떤가요? 타고 가던 배가 풍랑을 만났을 때 당신은 당신 자신[98]과 당신 재산을 조타수와 지혜 사랑하는 사람 중 어느 쪽에게 맡길 건가요?"[99]

"나로선 조타수에게 맡길 겁니다."

"그렇다면 다른 모든 일들에서도 이렇지 않을까요? 어떤 장인이 있는 한은 지혜 사랑하는 사람이 쓸모 있는 게 아니겠지요?"

"그렇게 보이네요." 그가 말했어요.

"그렇다면 이제 지혜 사랑하는 사람은 우리에게 쓸모없는 어 e 떤 사람인 거 아닌가요? 우리에겐 언제나 장인들이 어딘가엔[100] 있기 마련이거든요.[101] 그런데 우리는 좋은 사람들은 쓸모 있고 몹쓸 사람들은 쓸모없다고 동의한 바 있지요."

그는 어쩔 수 없이 동의하더군요.

"그럼 그다음으로 나오는 건 뭔가요? 내가 당신에게 물을까요, 아니면 묻는다는 게 좀 무례한 일인가요?"

"무엇이든 원하는 걸 물으세요."

"내가 하려는[102] 건 다름 아니라 이미 합의된 것들을 다시 간추려 보았으면 하는 거예요. 그런데 상황은 대략 이렇지요. 지혜 사랑이 아름다운 것이고 우리 자신들이 지혜 사랑하는 사람이라는 것,[103] 그런데 지혜 사랑하는 사람들은 좋다는 것, 그리고 좋은 사람들은 쓸모 있는데 형편없는 사람들은 쓸모없다는 것에 우린 합의했어요. 그런데 다시 우리는 이번에는 장인들이 있는 한은 지혜 사랑하는 사람들이 쓸모없다는 것, 그런데 장인들은 언제나 있기 마련이라는 것에 합의했지요. 이런 합의들이 이루어지지 않았나요?" 내가 말했어요.

"물론입니다." 그가 말했어요.

"그렇다면, 적어도 당신의 논변에 따르면, 우리는 다음과 같은 것에 합의한 것 같네요. 지혜를 사랑함이 기술들에 관해, 당신이 말하는 방식으로 아는 자가 됨이라고 한다면, 인간 세상에[104] 기술들이 있는 한 그들[105]은 형편없고 쓸모없다고 말이죠.[106] 하지만, 친구, 그들은 그런 상태가 아니고, 지혜를 사랑함이 이것, 즉 기술들에 열심을 보이게 됨도 아니요, 이리 기웃 저리 기웃[107] 온갖 일에 참견하면서 사는 것도, 많이 배우면서 사는 것도 아니

142

라[108] 다른 어떤 것 아닐까 싶네요. 이것[109]이 사실 비난받을 만한 일이며 기술들에 열심을 보이게 된 사람들은 비천한[110] 사람들로 불린다고 난 생각했거든요.

하지만 당신이 다음과 같은 질문에 대답한다면, 내가 하는 말들이 과연 참인지 아닌지를 우리가 더 분명히 알게 될 거예요. 말[馬]들을 제대로 벌줄 줄 아는 사람들이 누구인가요? 말들을 가장 좋게[111] 만드는 바로 그 사람들인가요, 아니면 다른 사람들인가요?" c

"가장 좋게 만드는 바로 그 사람들이지요."

"이건 어떤가요? 개들을 가장 좋게[112] 만들 줄 아는 사람들이 개들을 제대로 벌줄 줄 알기도 하는 것 아닌가요?"

"그렇습니다."

"그렇다면 같은 기술이 그것들[113]을 가장 좋게 만들기도 하고 제대로 벌주기도 하는 거네요?"

"내겐 그렇게 보입니다." 그가 말했어요.

"이건 어떤가요? 그것들[114]을 가장 좋게 만들기도 하고 제대로 벌주기도 하는 바로 그 기술이 쓸모 있는 것들[115]과 몹쓸 것들[116]을 아는[117] 기술과도 같은 기술인가요, 아니면 후자는 어떤 다른 기술인가요?"

"같은 기술입니다." 그가 말했어요.

"그럼 당신은 사람들의 경우에도 이 점에 동의할 용의가 있나

d 요? 사람들을 가장 좋은[118] 사람들[119]로 만드는 바로 그 기술이 그들을 제대로 벌주는 기술이기도 하고, 쓸모 있는 사람들과 몹쓸 사람들을 분간하는 기술이기도 하다는 데 말이에요."

"물론입니다." 그가 말했어요.

"그렇다면 하나에게 그렇게 하는 기술은 여럿에게도 그렇게 하고, 여럿에게 그렇게 하는 기술은 하나에게도 그렇게 하지 않나요?"[120]

"그렇습니다."

"그리고 말들의 경우에도 그렇고 다른 모든 것들의 경우에도 그렇지요?"

"동의합니다."

"그렇다면 국가들에서 방종하며 불법을 저지르는 사람들을 제대로 벌주는 앎은 무엇인가요? 사법(司法)적인 [앎][121] 아닌가요?"

"그렇습니다."

"그런데 당신은 이것 말고 다른 어떤 [앎]을 정의라고 부르나요?"

"아니요. 이것을 그렇게 하지요."

e "그렇다면 그들이 제대로 벌줄 때 의거하는 바로 그 [앎]에 의거하여 그들이 쓸모 있는 사람들과 몹쓸 사람들을 알기도 하는

144

것 아닌가요?"

"바로 그것에 의거하지요."

"그런데 하나를 아는 사람은 누구든 여럿도 알 것인가요?"

"그렇습니다."

"또 여럿을 모르는 사람은 누구든 하나도 모르고요?"

"동의합니다."

"그렇다면 어떤 말[馬]이 있는데, 쓸모 있는 말들과 형편없는 말들을 모른다면, 그것은[122] 자신을, 즉 자신이 어떤 자인지를, 모르기도 하겠네요?"

"동의합니다."

"그리고 어떤 소가 있는데, 형편없는 〈소들〉[123]과 쓸모 있는 〈소들〉을 모른다면, 그것은 자신을, 즉 자신이 어떤 자인지를, 모르기도 하겠네요?"

"그렇습니다." 그가 말했어요.

"그럼 어떤 개가 있는 경우도 그렇고요?"

그가 동의했어요.

"이건 어떤가요? 어떤 사람이 있는데, 쓸모 있는 사람들과 몹 138a 쓸 사람들을 모를 때, 그는 자신을, 즉 자신이 쓸모 있는 자인지 아니면 형편없는 자인지를, 모르는 것 아닌가요? 그 자신도 사람이니 말이에요."

그가 인정하더군요.

"그런데 자신을 모른다는 것은 절제 있음[124]인가요, 절제 있지 않음인가요?"

"절제 있지 않음이죠."

"그렇다면 자신을 안다는 것이 절제 있음이네요?"

"동의합니다." 그가 말했어요.

"그렇다면 델피의 새김글이 권하는 건 이것, 즉 절제와 정의를 연마하라는 것 같네요."[125]

"그런 것 같네요."

"그리고 같은 이 [앎]에 의거하여 우리가 제대로 벌줄 줄 알기도 하는 건가요?"

"그렇습니다."

b　　"그렇다면[126] 우리가 제대로 벌줄 줄 안다고 할 때 의거하는 그 [앎]은 정의이고, 우리가 자신과 남들을 분간할 줄 안다고 할 때 의거하는 [앎]은 절제 아닌가요?"

"그런 것 같네요." 그가 말했어요.

"그렇다면 정의와 절제는 같은 것이네요?"

"그렇게 보이네요."

"게다가, 정말이지, 바로 이렇게, 즉 불의를 저지르는 사람들이 대가를 치를 때, 국가들이 잘 경영되는 것이기도 하지요."[127]

"맞는 말입니다." 그가 말했어요.

"그러니까 이건[128] 정치술[129]이기도 하네요."

그도 같은 생각이었어요.

"그런데 한 사람이 국가를 제대로 경영할 때는 어떤가요? 이 사람에겐 참주요 군왕이라는 이름이 있지 않나요?"

"동의합니다."

"그렇다면 그는 군왕술이자 참주술로 경영하는 것 아닌가요?"

"그렇습니다."

"그러니까 이 기술들도 앞엣것들과 같은 기술들이네요?"

"그렇게 보이네요."

"그런데 한 사람이 가정을 제대로 경영할 때는 어떤가요? 이 사람에겐 무슨 이름이 있나요? 가정 경영자[130]요 주인[131] 아닌가요?"

"그렇습니다."

"그럼 이 사람이 가정을 잘 경영하는 것도 정의를 가지고서[132] 일까요, 아니면 다른 어떤 기술을 가지고서일까요?"[133]

"정의를 가지고서죠."

"그러니까 군왕, 참주, 정치가, 가정 경영자, 주인, 절제 있는 사람, 정의로운 사람이 같은 것이라고 보이네요. 그리고 군왕술, 참주술, 정치술,[134] 주인술, 가정 경영술, 정의, 절제가 하나의 기술이고요."[135]

"그렇게 보이네요." 그가 말했어요.

d　　"그럼 지혜 사랑하는 사람에게는,[136] 의사가 아픈 사람들에 관해 뭔가를 말할 때는, 말해지는 것들을 따라갈 능력도 없고 말해지거나 행해지는 것들에 관해 아무런 기여도 못한다[137]는 게 수치스러운 일인데, 또 장인들 가운데 다른 누군가가 말할 때도 마찬가지인데, 재판관이나 왕이나 방금 우리가 열거했던 사람들 가운데 다른 누군가가 말할 때는, 그런 것들[138]에 관해 따라갈 능력도 없고 그것들에 관해 기여도 못한다[139]는 게 수치스러운 일이 아닌 건가요?"[140]

"적어도 그런 대단한 일들에 관해 기여할 아무것도 갖고 있지 않다[141]는 게 어찌 수치스러운 일이 아니겠습니까, 소크라테스?"

e　　"그럼 우리는 둘 중 어느 쪽으로 말해야 할까요? 이것들에 관해서도 그가 오종경기 선수요 이인자여야 한다고, 그래서[142] 이 기술에 속하는 모든 것들에 있어서 이등 자리를 차지함으로 해서 지혜 사랑하는 사람이 실은 이들 가운데 누군가가 있는 한은 쓸모가 없다고[143] 말해야 할까요? 아니면 우선 자신의 가정을 남에게 맡겨서는 안 되고 이것에 있어서 이등 자리를 차지해서도 안 되며, 오히려 그의 가정이 잘 경영되려면 그 자신이 판결을 하며 제대로 벌주어야[144] 한다고 말해야 할까요?" 내가 말했어요.

그는 내게 동의하더군요.

"그다음으로는 아마도, 친구들이 그에게 중재를 맡기게 될 때든, 아니면 국가가 그에게 뭔가에 대해 결정하거나 판결하라고

명할 때든, 친구, 이런 경우들에서는 선두에 서지 못하고 이등이
나 삼등으로 드러난다는 건 수치스러운 일이라고 해야겠죠?"

"내겐 그렇게 생각됩니다."

"그렇다면, 아주 훌륭한 친구, 우리에게 있어[145] 지혜를 사랑함
은 많은 배움[146]이라든지 기술들에 관한 몰두[147]와는 아주 거리가
먼 거네요."

내가 이런 말들을 하자 지혜로운 사람은 앞서 자기가 한 말들
에 대해 수치스러움을 느껴 잠자코 있었고, 배우지 않은[148] 사람
은 내 말이 맞다고[149] 말했으며, 다른 사람들[150]은 이야기된 것들
을 칭찬하더군요.

주석

1 『사랑하는 사람들』(ERASTAI) : B, T 등 주요 사본들에 이 제목 '에라스타
이'(ERASTAI)가 등장한다. B 사본 여백에는 수정된 제목 '안테라스타이'
(ANTERASTAI : 연적들)가 나오는데, 이를 따르는 논자나 편집자도 있다
[예컨대, 쿠퍼 판 플라톤 영역 전집(J.M. Cooper 1997)이 그렇다]. 이 단어가
본문에(132c5, 133b3) 등장하기도 하거니와, 고대의 플라톤 저작 목록
에 그 제목으로 나온다고 여기기 때문이다[허친슨(D.S. Hutchinson 1997)
619쪽]. 디오게네스 라에르티오스의 트라쉴로스 4부작 목록(3.59)에도
부제 '지혜 사랑에 관하여'와 함께 대화편 제목으로 등장한다. 원어 제
목 '에라스타이'(erastai)[단수는 '에라스테스'(erastēs)]의 번역어로는 '사랑
하는 사람들'이 무난하며, 이 책에서도 기본적으로 그 번역어를 취한
다. '에로스'와 '필리아' 관련 번역어 문제에 관해서는 아래 132a '사랑
하는 사람들'의 주석을 참고할 것. 오랜 시간 동안 이 작품은 위작 시비
에 걸려 있다. 19세기의 그로트(G. Grote 1888), 그리고 현대의 애나스
(J. Annas 1985), 브루엘(C. Bruell 1987), 피터슨(S. Peterson 2011), 블리
츠(M. Blitz 2019) 등 진작 주장 혹은 진작 쪽에 무게를 두는 입장이 적
지는 않지만, 19세기 슐라이어마허(F. Schleiermacher 1836), 슈탈바움

(G. Stallbaum 1836), 하이델(W.H. Heidel, 1896) 등을 위시하여 현대의 테슬레프(H. Thesleff 2009), 딜런(J. Dillon 2012), 브리송(L. Brisson 2014) 등에 이르기까지 위작 주장이 아직은 훨씬 더 강세라 할 수 있다. 진위작 입장을 대표하는 논자들의 보다 상세한 목록은 무어(C. Moore 2020) 310쪽 주석 55를 참고할 것. 플라톤 자신이 쓴 것이 아니라고 볼 경우, 예컨대 허친슨(1997. 618쪽)의 추측으로는, 아직 아리스토텔레스가 아카데미 내에 머물러 있던 플라톤 생전에 구성원 가운데 누군가가 논쟁 목적으로 썼거나 아니면 플라톤 사후 뤼케이온에서 막 가르치기 시작한 아리스토텔레스를 겨냥하고 썼을 가능성이 있다.

2 글 선생(tou grammatistou) 디오뉘시오스의 학교 건물에(eis Dionysiou) 들어갔는데 : 디오게네스 라에르티오스는 플라톤이 여기 언급되는 바로 이 디오뉘시오스라는 선생에게서 글을 배웠다고 말한다(DL 3.4). 별도의 전거가 알려져 있지는 않다. '학교 건물'로 옮겼지만 이에 해당하는 단어가 명시되어 있지는 않다. 글을 가르치는 이 학교에 소크라테스는 (적어도 글의 의도대로라면) 초대받지 않은 채 방문하는 것으로 되어 있는데, 예컨대 『뤼시스』 서두와 비교할 만하다. 그곳에서는 소크라테스가 아카데미에서부터 뤼케이온으로 가려고 성벽을 따라 걸어가다가 새로 지어진 팔라이스트라(레슬링 도장/학교) 앞에서 일단의 젊은이 무리를 만나 초대를 받아 들어가는 것으로 나온다(203a~207b). 초대 여부는 다르지만, 여기서도 소크라테스의 방문 목적은 『뤼시스』 서두에서처럼 '아름다운' 젊은이를 만나 대화를 나누는 것으로 보인다.

3 젊은 사람들 가운데(tōn neōn) : 혹은 '어린 사람들 가운데'. 혹은 보다 자연스럽게는 '청년층에서', '젊은 층에서'. 이 말의 원어 '네오스'(neos)는 아이에서 청년까지, 즉 30세 정도까지를 포괄하는 상당히 넓은 말이다.

4 외모(tēn idean)가 가장 괜찮다(epieikestatous)는 : '외모'로 옮긴 단어 '이데아'(idea)는 플라톤이 세상이 어떻게 질서 지어졌는지, 우리가 어떻게 앎을 갖는지 등을 설명할 때 사용하던 '형상'에 해당하는 그 단어다. '괜찮다'로 새긴 단어 '에피에이케스'(epieikēs)는 '뛰어나다', '제법이다'로

옮길 수도 있는데, 통상 '공정/공평하다', '적절하다' 등으로 옮기는 윤리학, 정치철학 용어이기도 하다.

5 **아버지들(paterōn)** : 혹은 '조상들'.

6 **그들을 사랑하는 사람들(toutōn erastas)** : 이 작품에서 '에로스' 계열 단어를 '사랑'으로 옮기면 '필리아' 계열 단어는 다른 어휘(예컨대, '애호'나 '추구' 등)로 옮기는 것이, 번역어의 통일성이나 다른 작품들(예컨대, 『향연』이나 『뤼시스』)과의 비교를 고려할 때는 어쩌면 더 정확하거나 유용할 수도 있다. 그러나 이 작품의 핵심 사안인 '필로소피아'에 들어 있는 '필리아'를 '사랑' 외에 다른 어휘로 옮기는 것은 이제까지 우리 학계나 사회의 논의 관행이나 개념의 적절성 등을 고려할 때 적절한 것으로 보이지 않는다. 다행스러운 것은 '에로스' 계열 단어가 제목에서 나오는 것 외에 본문에서는 서두의 네 군데(132a, b, d, 133a)에만 나오는데, 그 다섯 군데 모두에서 '사랑하는 사람들'(erastai), 즉 작품의 등장인물인 두 젊은이를 가리키는 말로만 쓰이기에, 이 작품의 본격적인 논의에 등장하는 '필리아' 계열 단어와 혼동될 여지가 적다. 따라서 이 다섯 군데 외의 '사랑'은 모두 '필리아' 계열 단어의 번역어로서 도입될 것이다.

7 **보았어요(eidon).** : 생략된 주어인 나, 즉 화자가 누구인지는 아래 133a7에 가서야 비로소 드러난다. 거기서 애지인(이 지칭에 관해서는 아래 135b1의 '더 지혜로운 사람'의 주석을 참고할 것)은 화자를 '소크라테스'라고 부른다. 첫 문장의 이 동사 '(나는) 보았다'(eidon)는 '외모'(idea), '평판'(dokountas), '명망 있는 아버지들'(eudokimōn paterōn)로 이어지는 일련의 '도케인'(dokein : …로 보이다) 계열 어휘와 잘 연결된다. 앞에서 언급했듯이 플라톤이 강조하는 형상, 즉 '에이나이'(einai : …임) 계열 어휘 중 일부가 이런 어휘에서 나온다는 것이 특기할 만하다. 논자들이 자주 거론하는 것처럼 이 작품은 소크라테스가 처음부터 끝까지 내레이션을 하는 것이 특징적이며, 그래서 플라톤의 다른 세 작품 『국가』, 『카르미데스』, 『뤼시스』와 자주 비교되곤 한다. 『뤼시스』와의 비교는 이미 언급한 바대로이고, 『카르미데스』의 경우는, 예컨대 블리츠(2019,

41~42쪽)에 따르면, 이 네 작품 가운데 소크라테스가 직접 논의 주제를 선택하는 것은 여기와 『카르미데스』에서뿐이다. 『카르미데스』는 절제와 자기 앎에 관한 작품인데, 이 작품에서도 특히 후반부에 중요한 주제들로서 거론된다.

8 그 아이들(tōn meirakiōn) : '메이라키온'(meirakion)은 앞에 언급된 바 있는 용어인 '젊은이'(neos)에 속하면서 그 가운데서도 대략 20세까지의 사람을 가리킨다. 우리말의 '청소년' 내지 '10대' 정도에 해당한다고 볼 수 있다. 편의상 줄여 '아이'로 옮긴다. 이보다 더 나이 어린 사람, 즉 '소년'쯤에 해당하는 사람을 가리키는 말은 '파이스'(pais)다. 어디까지나 대략 그렇다는 말이지, 지금 우리의 경우도 그렇지만 이런 용어들은 사람에 따라 시대에 따라 맥락에 따라 상당히 유동적이게 마련이다. 이 작품에 '파이스' 및 유사 단어는 등장하지 않는다. 이로 미루어 볼 때, 이 작품에서는 사랑하는 사람과 사랑받는 사람 사이에 연령이나 사회적 지위 차이가 그리 크지 않은 것으로 설정되어 있는 셈이다. 두 '아이들'이 첫 문장에서는 '젊은이들'(neoi)에 속하는 것으로 두루뭉술 표현되었다는 점을 기억할 필요가 있다. 피터슨(2018)에 따르면, 여기 언급되는 글 선생의 학교가 16세(혹은 18세)까지의 청소년 대상이었으며, 여기 '사랑하는 사람들'은 그들을 보러 온, 그들보다 약간 연상의 예전 학생들이 아닐까 추정된다(413~414쪽). 이런 점들을 고려하면 아래에서 '젊은이'(neanias)로 지칭되는 '사랑하는 사람들'은 대략 10대 말에서 20대 초중반가량의 청년으로, 지금 언급된 '그 아이들'은 대략 10대 초중반가량의 청소년으로 생각하면 크게 무리가 없어 보인다.

9 쟁론을 벌이고(erizonte) : 혹은 '다투고'. 아래에서도 마찬가지. 『뤼시스』의 레슬링 학교가 그랬던 것처럼(204a) 여기서 묘사되는 말싸움이 꽤 통상적인 소일거리였을 것이고 이런 학교에서 흔히 볼 수 있는 자연스러운 풍경이었을 것이다. 그곳의 두 아이 가운데 하나인 메넥세노스는 '쟁론에 능한'(eristikos), 그래서 만만치 않은 논박(elenchein)을 벌일 만한 인물로 묘사되기까지 한다(211b).

10 **아주 분명하게 들리진 않더군요.** : 혹은 '아주 선명하게 (엿)듣지는 못하겠더군요.'

11 **아낙사고라스** : 클라조메나이 출신의 자연 철학자. 기원전 5세기 전반에 아테네에서 활동한 최초의 철학자로서 젊은 시절 소크라테스가 그에게 지대한 관심을 표명한 것으로 알려져 있다(『파이돈』97b~98b). 기하학의 문제들에 골몰했다는 보고가 있다.

12 **오이노피데스** : 기하학과 천문학에 일가견이 있던 키오스 출신 철학자. 아낙사고라스보다 연배가 늦으나 동시대에 활동했다. 그에 관한 전승자료를 모으고 연구사의 개관까지 제시한 보드나르(I.M. Bodnár 2007)를 참고할 만하다.

13 **어떤 기울기들**(enkliseis tinas) : 지구 윤곽선과 태양의 경로 등의 경사면을 가리키는 듯하다.

14 **나불거리고**(adoleschousi) : 혹은 '조잘대고', '씨부렁거리고', '객쩍은 소리를 지껄여대고'.

15 **지혜를 사랑하면서**(philosophountes) : 혹은 '지혜를 애호/추구하면서', '철학을 하면서'. 아래에서도 마찬가지. '지혜를 사랑함'(philosophein)이라는 동사의 최초 용례는 아도(P. Hadot 1995)나 피터슨(2011)에 따르면 아마도 헤로도토스 『역사』 1권 30절에 나오는 것으로 보인다. 그 구절에 따르면, 크로이소스는 현자 솔론이 '지혜를 사랑함'으로 인해 많은 식견을 가졌으리라고 기대하는 것으로 묘사된다. "그[즉, 솔론]가 모든 것들을 구경하고(theēsamenon) 고찰한 후에, 적당한 기회가 왔을 때 크로이소스가 이렇게 말했다. '아테네에서 온 손님, 당신에 관한 많은 이야기(logos)가 우리에게까지 도달해 있는데, 당신의 지혜(sophiēs) 때문이기도 하고 유람(planēs) 때문이기도 하지요. 어떻게 당신이 지혜를 사랑하면서(philosopheōn) 많은 땅을, 구경(theōriēs)을 위해서 다녔는가 하는 것 말입니다.'"(『역사』 1.30.2) 이 구절의 의의에 관한 보다 상세한 논의는 아도(1995) 35~36쪽[= 아도(2004) 15~16쪽], 그리고 피터슨(2011) 202~203쪽을 참고할 것.

16 허튼소리를 해대고(phlyarousi) : 혹은 '허튼짓을 하고', 기본적으로는 말을 향해 쓰이지만 행동까지도 포괄할 수 있는 말이다. 『소크라테스의 변명』(이하 『변명』) 19c에서 소크라테스의 언행에 대한 아리스토파네스의 묘사 내용에 등장한 동사이기도 하다.

17 지혜를 사랑함(to philosophein) : 혹은 '지혜를 애호/추구함', '철학함'. 아래에서도 마찬가지. '지혜를 사랑함'으로 옮기는 이 동사 '필로소페인'(philosophein)과 아래에서 '지혜 사랑'으로 옮기게 될 명사 '필로소피아'(philosophia)가 가지는 의미상 차이는 크게 없어 보인다. 그렇지만 원문에서의 쓰임새 차이를 구분하기 위해 다소 작위적인 구분을 택하기로 한다. 이 구분은 텍스트 본문에서만 엄격히 지키기로 하며, 〈작품 안내〉나 〈작품 내용 구분〉에서는 꼭 필요한 경우 외에는 '지혜 사랑'으로 새기기로 한다.

18 추한(aischron) : 혹은 '수치스러운'. 아래에서도 마찬가지. 아래에서, 특히 138d 이하에서 보다 분명하게 '수치'의 맥락들 속에서 등장한다. 그것보다 전에(135a) 같은 의미의 동사도 등장하는 것을 감안하면, 그곳에서는 '수치스러운'으로 옮길 수밖에 없게 된다.

19 험하게(chalepōs) : 혹은 '호되게'.

20 그러자 또 다른 젊은이가 (실은 그 사람 옆에 마침, 연적(anterastēs)인 이 사람이 앉아 있었거든요.) 내 물음과 저 젊은이의 대답을 듣고는 말하더군요. : '젊은이'(neanias)라는 말은 앞 소크라테스의 질문으로부터 함축되어 있을 뿐이 문장에 명시되어 있지는 않지만, 이해의 편의상 넣었다.

21 지혜 사랑(philosophian) : 혹은 '지혜 애호/추구', '철학'. 아래에서도 마찬가지.

22 더 묻는 것조차 : 혹은 '더 묻기까지 하는 건'.

23 적어도 당신한테는 어울리지 않는(ou pros sou ge) : 혹은 '당신답지 않은'. '어울리지 않는' 대신 보다 쉬운(그러나 원어상 의미에서는 멀어진) 독해를 택하여 '도움 안 되는', '쓸데없는' 등으로 새기기도 한다. 예컨대, 램(W.R.M. Lamb 1927, 315쪽), 미철링(Mitscherling 1997, 619쪽) 등이 그러

하며, 리크(J. Leake 1987, 619쪽)는 예외다. 선택과 설명은 읽는 이의 몫이다.

24 **목조르기**(trachēlizomenos) : 레슬링 동작을 가리키는 말이다.

25 **시가**(mousikēn) : 본래 뮤즈 여신들(Mousai)이 관장하는 활동들 모두(특히 음악, 시문, 철학 등)를 가리키는 말이다.

26 **체육**(gymnastikēn) : 혹은 '운동', 혹은 '체육술', '운동술', 아래 134a에서도 마찬가지.

27 **내 질문을 받고 있던 사람**(ton erōtōmenon) : 'ton erōtōmenon'(질문 받는 사람)으로 고쳐 읽은 슐라이어마허의 추정을 따랐다. B, T 등 원래 사본에는 'ton erōmenon'(사랑하는 사람)으로 되어 있고, B의 수정 사본 b에는 'ton eromenon'(질문하는 사람)으로 되어 있다.

28 **말들**(logōn) : 혹은 '이야기들', '논변들', 아래에서도 마찬가지.

29 **더 지혜롭다**(sophōteron) : T 사본을 따라 'sophōteron'으로 읽었다. B 사본을 따라 'sophōtaton'으로 읽으면 '가장 지혜롭다'가 된다.

30 **더 아름답게**(kallion) : 혹은 '더 멋지게'.

31 **쟁론**(tēs eridos) : 혹은 '다툼'.

32 **우리의 말에 귀 기울이기 시작하더군요.** : 직역하면 '우리의 청강자들(/말을 듣는 자들)(hēmōn akroatai)이 되더군요.'

33 **마음이 어떤 상태였는지는**(hoti … epathon) : 혹은 '무슨 느낌이었는지는'.

34 **아뜩해지더군요**(exeplagēn) : 『변명』 첫머리를 떠올리게 하는 문장이다. '아뜩해진다' 대신 '정신 못 차리게 된다', '제정신이 아니게 된다', '멍해진다' 등으로 옮길 수도 있겠다. 표현만으로는 『변명』이 가깝지만, 분위기로는 매우 '에로틱'한 장면과 경험에 대한 일인칭 시점의 인상적인 묘사를 담고 있는 『카르미데스』 서두를 떠올리게 한다.

35 **다른 한 사람** : 즉, 시가로 시간을 보낸, 더 지혜롭다고 자처하는 사람 (132d).

36 **자신만만하게**(philotimōs) : 혹은 '자부심에 차서'.

37 **대답은 하더군요. 그것도 아주 자신만만하게 말이죠.** : 혹은 합쳐서 '대답만

큼은 아주 자신만만하게 하더군요.'로 옮길 수도 있다.

38 대상(pragma) : 혹은 '일', '사물'.

39 어디선가(pou) : 혹은 '언젠가'.

40 '그리고 나는 늙어 가노라. 늘 많은 가르침들을 받으면서(aiei polla didaskomenos).' : 솔론 단편(에드먼드 판) 18. 『라케스』189a5에도 인용되었고 『국가』536d에도 언급되었다. '지혜를 사랑함'을 솔론과 연결시키는 사례에 관해서는 앞의 132b '지혜를 사랑하면서'의 주석을 참고할 것. 그 외에도 『티마이오스』20~21에는 '지혜 사랑하는 사람'을 솔론과 연결시키는 사례가 나온다.

41 많은 배움(polymathian) : 혹은 '박식'. 아래에서도 마찬가지. 이 대목이 헤라클레이토스를 상기시키는 것은 아주 자연스럽다. "많은 배움 (polymathiē)이 지성(noon)을 가르치지는 않는다. 그랬다면 헤시오도스와 피타고라스도, 크세노파네스와 헤카타이오스도 가르쳤을 테니까 말이다."(DK 22BB40) "므네사르코스의 아들 피타고라스는 탐구(historiēn)를 모든 인간들 가운데서 가장 많이 실행했으며(ēskēsen), 이 저술들을 골라내어(eklexamenos tautas tas syngraphas) 자신의 지혜(heautou sophiēn)를, 즉 많은 배움(polymathiēn), 나쁜 기술(kakotechniēn)을 만들었다(epoiēsato)."(DK 22B129) 여기 언급되는 '많은 탐구'(historiēn)는 지혜 사랑하는 사람을 "많은 것들의 탐구자들"(eu mala pollōn historas)과 연결하는 DK 22B35(아래 135e '지혜 사랑하는 사람'의 주석에 인용됨)와도 맥이 통한다. 헤라클레이토스에서 지혜(혹은 지성) - 지혜 사랑 - 많은 배움 간의 관계가 어떠한지 음미해 볼 만한 일이다.

42 체육 사랑(philogymnastian) : 혹은 '운동 사랑/애호'. 다음 소크라테스의 발언(134a)에서도 마찬가지. 지혜 사랑인 철학(philosophia)과 대비되는 말이다.

43 체육(tois gymnasiois) : 혹은 '운동'. 아래(134c)에서는 '체육 훈련'으로 옮기게 된다.

44 많은 단련(tēn polyponian) : 혹은 '많은 고생', '많이 애씀'.

45 체육을 사랑하는 사람들(tous philogymnastountas) : 아래 134a 이하에 나오게 될 '체육 사랑하는 사람'(ho philogymnastēs)과 원어상 문법적 형태가 다르다. 우리말에서는 조사 '을'의 부가 여부로 구분하기로 한다.

46 체육 사랑하는 사람(ho philogymnastēs) : 혹은 '체육 애호자'. 133e에 언급한 '체육을 사랑하는 사람들'(tous philogymnastountas)과는 구별되는 복합 명사형이라는 점을 간명하게 드러내면서 '사랑'이라는 번역어를 유지할 방법은 없다. 우리말 어법에는 맞지 않으나 '체육 사랑인' 정도의 번역어를 도입하면 어떨까 싶기는 하지만, 그러기 전까지는 여기서처럼 편의상 '체육 사랑하는 사람'과 '체육을 사랑하는 사람'처럼 조사 '을'의 부가 여부로 구분할 수밖에 없겠다. 앞 132d1~2의 '체육으로 시간을 보냈다'는 내용에 기대어 나는 이 사람을 가리킬 때 간편하게 줄여서 '체육인'으로 지칭하고자 한다.

47 적당한(metriōn) : 여기서부터 계속 나오는 'metrios'라는 말은 '적당한'으로 넓게 옮기지만, 적어도 134d까지는 양적인 의미로 좁혀서, 즉 '적당한 만큼의', '적당량의'라는 뜻으로 새길 만한 말이다.

48 돼지조차도(kan hyn) : 헤르만(Hermann)의 수정대로 'kan hyn'(돼지조차도)으로 읽었다. 원래 사본은 'kai nyn'(지금도)으로 되어 있다.

49 사람(andra) : 혹은 '남자', '사나이'.

50 목 살갗이 벗겨져 있지 않고(atribē ton trachēlon echonta) : 레슬링 연습을 하지 않았다는 뜻이다.

51 적어도 사람이라면 아무리 잠 못 자고 음식을 제대로 못 먹었다고 해도, 목 살갗이 벗겨져 있지 않고 생각들이(merimnōn)이 많아 가냘픈(lepton) 사람이라 해도 : 혹은 '적어도 잠도 못 자고 음식도 못 먹은 사람이라면, 목 살갗이 벗겨져 있지 않고 생각들이 많아 가냘픈 사람이라면'으로 옮길 수도 있다.

52 얼굴을 붉히더군요(ērythriase) : 이 동사는 『뤼시스』에서 인상적으로 사용된다. 204b~d에 4회, 213d에 1회 등장한다. 블리츠(2019)는 『국가』 350d와의 연결을 강조한 바 있다(42쪽과 주석 4).

53 당신(sy) : 즉, 얼굴을 붉힌, 시가로 시간 보낸 사람(애지인).

54 그는 : '그건'으로 새기는 것도 불가능하지는 않다.

55 상식을 거슬러 가며(para doxan) : 혹은 '통념/예상/[나 자신의] 의견을 거슬러 가며'.

56 좋은 상태(tēn euhexian) : 혹은 '좋은 습관', '좋은 건강'.

57 체육 훈련(ta … gymnasia) : 혹은 '체력 단련'. 앞에서(133e) '체육'으로 옮긴 말이다.

58 투여되는 것들(tōn prospheromenōn) : 혹은 '적용되는 것들'. 아래에서도 마찬가지.

59 영혼에 투여되는 것들 가운데 적당한 것들(ta metria) : 혹은 '영혼에 투여/적용되는 것들의 적당량'.

60 적당함을 벗어난 것들(ta ametra) : 혹은 '적당량이 아닌 것들'.

61 적당한 것들(ta metria) : 혹은 '적당량'.

62 배울거리들(ta mathēmata) : 혹은 '공부'.

63 이것들 가운데서도(kai toutōn) : 혹은 '이것들의 경우도'.

64 그렇다면(oun) : 혹은 '그런데'.

65 마땅할까요(dikaiōs) : 혹은 '정당할까요', '온당할까요'. 아래에서도 마찬가지.

66 호메로스가 이야기했던 것, 즉 구혼자들이 활시위를 당길 다른 누군가가 있을 거라고 기대하지 못하는 것 : 『오뒤세이아』 21.285~286.

67 그 논변(ton logon) : 혹은 '그 논의', '그 이야기'.

68 의기소침해진(athymein) : 혹은 '열의를 잃은'.

69 더 지혜로운 사람(ho sophōteros) : 바로 전과 여기서 계속 소크라테스는 '지혜 사랑하는 사람'(ho philosophos)이라는 말을 쓰지 않고, 대신 '지혜를 사랑하는 사람'(ho philosophōn) 혹은 '더 지혜로운 사람'(ho sophōteros)이라는 말을 사용하고 있다. 그 호칭은 135e, 136a에 가서야 등장한다. 이런 호칭 사용은 체육의 경우, '체육'(gymnastikēn : 132d) → '체육 사랑'(philogymnastia : 133d) → '체육을 사랑하는 사람들'(hoi

philogymnastountes : 133e) → '체육 사랑하는 사람'(ho philogymnastēs : 134a)으로 자연스럽게 이행했던 것과 대조를 이룬다. 지혜 사랑/철학의 경우를 정리하면 다음과 같다. '지혜를 사랑함'(to philosophein : 132b, 132c) → '지혜 사랑'(philosophia : 132c) → '지혜를 사랑하는 사람'(ho philosophōn : 135a) 혹은 '더 지혜로운 사람'(ho sophōteros : 135b) → '지혜 사랑하는 사람'(ho philosophos : 135e, 136a). 이 구절, 그리고 말미(139a6)의 '지혜로운 사람'(ho … sophos)에 기대어 이 사람을 편의상 '지혜인' 정도로 줄여 부를 수도 있겠지만, 어법상 덜 어색하고 본래 뜻에도 더 가까운 '애지인'(愛智人)으로 부르고자 한다. 물론 화자인 소크라테스가 이 사람을 진정한 의미의 '지혜 사랑하는 사람'으로 인정하고 있는지(아마 아닐 가능성이 높다)도 고려해야 하고, 그 경우 어쩌면 '자칭 애지인' 정도로 부르는 게 더 적절할 수도 있다. 그러나 여기서는 그런 복잡한 고려들 없이 불리는 사람이 인정하거나 선호할 만한 호칭을 이용하기로 한다.

70 명성(doxan) : 다른 곳에서는 자주 '평판'으로 옮기는 단어다.

71 숙련되어 있다(empeiros) : 혹은 '경험이 있다'.

72 그렇게까지는 : 즉, 모든 기술들에 숙련되어 있는 정도까지는.

73 그런 것들 가운데 자유인들이 배우기에 알맞은 것들(즉, 손재주(cheirourgias)가 아니라 이해(syneseōs)에 속한 것들) : 손을 직접 놀려 무언가를 만드는 일보다는 지성의 작용에 관련된 일이 더 자유인답다는 말 뒤에는 정신노동을 자유인에게, 육체노동을 노예에게 할당하는 특정한 노동관이 전제되어 있다.

74 므나(mnōn) : 1므나는 100드라크마인데, 당시의 통상 하루 일당(예컨대, 건장한 젊은이가 군대 장교가 되는 훈련을 받을 때의 하루 일당)이 1드라크마였다고 하니까 100일치 임금인 셈이다.

75 목수는 5므나나 6므나만 주면 살(priaio) : 리크(1987)는 '노예로 산다'는 뜻으로 이해한다(84쪽 주석 11). 직전의 '자유인' 언급을 고려하면 나름 그럴법한 해석이다. 다만 이런 자유인-노예 대비는 자유인다운(즉, 관조/

이론적인) 학문/기술의 고가 판매라는 일종의 소피스트적 교육/거래 방식을 거론하고 있다는 점과 연결 지어 이해되어야 할 것이다.

76 일급(akron) : 혹은 '최고'.

77 건축가(architektona) : 혹은 '도편수', '대목'(大木), '도목수'.

78 1만 드라크마 : 즉, 100므나.

79 그럼 당신은 목수 기술의 경우와 같은 이야길 하려는 건가요? 그 경우에 도 목수는 5므나나 6므나만 주면 살 수 있지만 일급 건축가는 1만 드라크마를 주고도 살 수가 없거든요. : 이렇듯 지혜 사랑이 다른 학술 분야와 비교가 안 될 정도로 높은 특권적 위상을 갖는다는 것은 『바티칸 금언집』743 no. 166이 전하는 고르기아스의 언명을 떠올리게 한다. "지혜 사랑을 등한시하고(tous philosophias amelountas) 보통 교과들(enkyklia mathēmata)에 전념하는 사람들은 페넬로페를 원하면서도 그녀의 하녀들과 몸을 섞던(emignynto) 구혼자들과 같다."(DK 82B29)

80 소수일(oligoi … gignointo) : 혹은 '소수만이 생겨날'.

81 이런 식으로(houtō) : 즉, 소수의 일급 기술자가 될 수 있도록.

82 엄밀하게(akribōs) : 혹은 '정확하게'. 아래에서도 마찬가지.

83 받아들이지(hypolabēis) : 혹은 '상정하지'.

84 장인(匠人 : tou dēmiourgou) : 즉, 기술자.

85 의견(gnōmēn) : 혹은 '견해', '판단', '생각'.

86 가장 세련되고(chariestaton) : 혹은 '가장 멋지고', '가장 마음에 들고'.

87 자유인이면서 교육받은 사람에게 알맞은(eikos) 만큼, 즉 장인(匠人)이 말하는 것들을 그 자리에 와 있는 다른 사람들에 비해 유독 잘 따라갈 수 있을 뿐만 아니라 그 자신이 의견을 보태어 기여할 수도 있어서, 결국 기술들에 관해 어떤 말들과 행위들이 이루어질 때마다 그 자리에 와 있는 사람들 가운데서 가장 세련되고 지혜롭다는 평판을 받게 될 정도로 기술 각각을 알아야 한다는 것입니다. : 이 대목을 달리 새기면 '자유인이면서 교육받은 사람이라면 장인(匠人)이 말하는 것들을 그 자리에 와 있는 다른 사람들에 비해 유독 잘 따라갈 수 있을 뿐만 아니라 그 자신이 의견을 보태어 기여할 수

도 있어서, 결국 기술들에 관해 어떤 말들과 행위들이 이루어질 때마다 그 자리에 와 있는 사람들 가운데서 가장 세련되고 지혜롭다는 평판을 받게 될 정도가 되어야 제격이라는(eikos) 것입니다.'로 옮길 수도 있다. 혹은 '자유인이면서 교육받은 사람에게 알맞은 만큼, 즉 장인이 말하는 것들을 그 자리에 와 있는 다른 사람들에 비해 유독 잘 따라갈 수 있을 뿐만 아니라 그 자신이 의견을 보태어 기여할 수도 있어서, 결국 기술들에 관해 어떤 말들과 행위들이 이루어질 때마다 그 자리에 와 있는 사람들 가운데서 가장 세련되고 지혜롭다는 평판을 받게 될 정도가 되어야 한다는 것입니다.'로 옮길 수도 있다.

88 **무엇을 의도하고 있는 건지**(hoti ebouleto) : 혹은 '무슨 말을 하려는 건지'.

89 **지혜 사랑하는 사람**(ton philosophon andra) : '필로소포스'(philosophos)를 명사로 볼 수도 있고 형용사로 볼 수도 있다. 그리고 '아네르'(anēr)의 의미를 더 살려서 '지혜 사랑하는 (사람인) 사나이'로 새길 수도 있다. 사실 이 표현은 이런 애매성들을 고스란히 담은 헤라클레이토스의 언명을 떠올리게 한다. "지혜 사랑하는 사람들[/사나이들](philosophous andras)은 그야말로 아주 많은 것들의 탐구자들(eu mala pollōn historas)이어야(chrē) 한다."(DK 22B35) 그리고 '지혜 사랑하는 사람' 대신 '지혜 애호자', '애지인', '철학자', 혹은 어법에는 맞지 않지만 '지혜 사랑인'으로 새길 수도 있다. 원어상으로는 '체육 사랑하는 사람'(체육 사랑인)이 '체육을 사랑하는 사람'과 문법적으로 구분되는 말이듯(134a의 관련 주석 참고), 여기 '지혜 사랑하는 사람'(지혜 사랑인)도 '지혜를 사랑하는 사람'(ho philosophōn)과 문법적으로 구분되는 말임에 유의할 필요가 있다.

90 **오종경기 선수들**(hoi pentathloi) : 오종경기는 높이뛰기, 달리기, 원반던지기, 창던지기, 레슬링으로 이루어져 있기에, 오종경기 선수는 이 다섯 종목 모두에 능해야 승리할 수 있다.

91 **경기**(athla) : 즉, 종목.

92 **이미 지혜 사랑을 이룬 사람**(andra ton pephilosophēkota) : 혹은 '이미 지혜를 사랑해 온 사람', '이미 지혜 사랑에 몸담은 사람', '이미 지혜를 사랑

하게 된 사람'. '지혜를 사랑함'(philosophein)에 완료 시제가 적용된 분사 형태인데, 이 완료 시제를 어떻게 읽을지는 논의의 여지가 있다.

93 영락없이(atechnōs) : 혹은 '순전히'. '기술'(technē)이라는 말로 언어유희를 구사하고 있다.

94 적당히(metriōs) : 혹은 '적당한 정도로'.

95 좋은(agathous) : 우리 일상어만을 고려하면 '훌륭한'으로 바꿔 옮기는 것이 더 적당하다고 볼 수도 있지만, 텍스트의 온전한 이해와 번역어의 통일성을 감안하여 '좋은'으로 옮긴다. 아래에서도 마찬가지.

96 형편없는(ponēroi) : 혹은 보다 일반적인 어휘로는 '나쁜'. 아래의 다른 곳에서도 마찬가지.

97 지혜 사랑하는 사람을(ton philosophon) : T 사본을 따라 'ton philosophon'으로 읽었다. B 사본에는 'ton sophon'(지혜로운 사람을)으로 되어 있다. 이 부분을 빼고 읽자는 코벳(Cobet)의 제안도 큰 무리 없는 것으로서, 여러 편집자들이 따르고 있다. 빼고 읽으면 이 대목은 '저 이인자를 집으로 데려올까요'가 된다.

98 당신 자신(sauton) : 나중 사본들의 'sauton' 대신 T 사본을 따라 'auton'으로 읽으면 '그'가 되고, B 사본을 따라 'heauton'으로 읽으면 '그 자신'이 된다. 이 경우 '그'는 위에 언급한 '당신 친구들 가운데 누군가'를 가리키게 될 것이다.

99 당신은 당신 자신과 당신 재산을 조타수와 지혜 사랑하는 사람 중 어느 쪽에게 맡길 건가요? : 표현을 바꿔서 '당신은 당신 자신과 당신 재산을 어느 쪽에게 맡길 건가요? 조타수인가요, 아니면 지혜 사랑하는 사람인가요?'로 옮길 수도 있다.

100 어딘가엔(pou) : 혹은 '아마도', '분명'.

101 우리에겐 언제나(aei) 장인들이 어딘가엔(pou) 있기 마련이거든요. : 'aei pou'로 고친 헤르만을 따라 읽었다. 원래 사본대로 'dē pou'로 읽으면 "우리에겐 분명 장인들이 있기 마련이거든요."가 된다.

102 내가 하려는(zētō) : 직역하면 '내가 추구하고 있는'.

103 우리 자신들이 지혜 사랑하는 사람이라는 것 : 이 부분을 빼자는 코벳의 제안을 받아들이는 편집자도 있으나, 여기서는 사본대로 두었다. 이 언명을 앞에서 했느냐 여부 때문에 삭제 주장이 나온 것이지만, 해석 여하에 따라 얼마든지 이미(혹은 암묵적으로) 합의된 것으로 볼 여지가 있기 때문이다. "대략"(pōs)이라는 말로 소크라테스는 미리 어느 정도 방패막이를 해 둔 바 있거니와, 아무튼 이곳의 요약이 앞선 논의에서 명시되지 않았던 것들을 분명히 짚고 넘어가는 효력을 가진다는 점만 큼은 분명하다.

104 인간 세상에(en anthrōpois) : 혹은 '사람들 사이에'.

105 그들(autous) : 즉, 지혜 사랑하는 사람들.

106 그렇다면, 적어도 당신의 논변에 따르면, 우리는 다음과 같은 것에 합의한 것 같네요. 지혜를 사랑함이 기술들에 관해 (당신이 말하는 방식으로) 아는 자 가 됨이라고 한다면, 인간 세상에 기술들이 있는 한 그들은 형편없고 쓸모 없다고 말이죠. : 이 대목을 다음과 같이 옮길 수도 있다. '그렇다면, 적 어도 당신의 논변에 따라 지혜를 사랑함이 기술들에 관해 (당신이 말하 는 방식으로) 아는 자가 됨이라고 한다면, 우리가 다음과 같은 것에 합 의한 것 같네요. 인간 세상에 기술들이 있는 한 그들은 형편없고 쓸모 없다고 말이죠.'

107 이리 기웃 저리 기웃(kyptazonta) : 혹은 '꾸불럭꾸불럭'.

108 이리 기웃 저리 기웃 온갖 일에 참견하면서 사는 것도, 많이 배우면서 사는 것도 아니라 : 이 대목의 수식 관계를 달리 보아 '이리 기웃 저리 기웃 하거나 많이 배우면서 온갖 일에 참견하며 사는 것도 아니라'로 옮길 수도 있다. 예컨대, 리크(1987)가 그렇게 옮긴다(87쪽). 이 대목 가운 데서 '많이 배우는 것도 아니라'에 해당하는 부분만 남기고 대부분을 삭제하자는 코벳의 제안이 있는데, 미철링(1997)같이 이를 받아들이 는 사람도 있다(624쪽과 주석 7).

109 이것(touto) : 즉, 기술들에 열심을 보임.

110 비천한(banausous) : 혹은 '상스러운', '저급한'. 135b의 주석에서도 이

미 언급했듯이 이런 용어들의 이면에는 육체노동을 경시하는 생각이 깔려 있다. 기술들의 유용성을 인정하면서도 그것들이 인간의 좋음/훌륭함과 곧바로 연결되지는 않는다는 생각이 이 소크라테스의 발언 저변에 깔려 있으며, 이는 앞서 애지인이 엄밀한 기술 습득을 노예적임(즉, 자유인답지 않음)에 귀속시킨 것(136a)과 상통한다.

111 가장 좋게(beltistous) : 'beltistous'로 읽는 B, T 사본을 따랐다. 'beltious'로 읽는 다른 사본들을 따르면 '더 좋게'로 옮길 수 있다. 여기서부터 137d1까지 한동안 사본들은 두 독법 사이에서 서로 엇갈리는 독법을 보인다. 여기서는 최상급으로 통일하여 옮겼다. 그것이 OCT의 독법이기도 한데, 리크(1987)는 모두 비교급으로 옮겼다(624쪽과 주석 8).

112 가장 좋게(beltistous) : 여기서부터 소크라테스의 발언 중 세 번 나오는 '가장 좋게'는 'beltistous'로 읽는 B 사본을 따른 것이다. 'beltious'로 읽는 T 사본을 따르면 '더 좋게'로 옮길 수 있다.

113 그것들 : 혹은 '그들'. 이 맥락에서 개나 말에 관해 사용된 지시사나 지칭을 우리 통념대로 '그것들', '쓸모 있는/몹쓸 것들'로 옮기지만, 원문에서는 아래에 언급될 사람의 경우와 다르게 사용되지 않는다. 물론 그런 용법이 개나 말을 사람과 구별하지 않고 존중하기 때문이라고 말할 수는 없고, 다만 개나 말을 가리키는 명사가 남성이기 때문이지만, 사람과 동물에 대한 지칭상 구별이 우리말 번역에서처럼 도드라지는 것이 아니라 아무런 구별이 없다는 점에는 유의할 필요가 있다.

114 그것들 : 혹은 '그들'.

115 쓸모 있는 것들(tous chrēstous) : 혹은 '쓸모 있는 자들'.

116 몹쓸 것들(tous mochthērous) : 혹은 '몹쓸 자들'.

117 아는(gingōskei) : 혹은 '알아보는'.

118 가장 좋은(beltistous) : 'beltistous'로 읽는 B, T 사본을 따랐다. 'beltious'로 읽는 다른 사본들을 따르면 '더 좋은'으로 옮길 수 있다.

119 사람들(anthrōpous) : 여기엔 '사람'이라는 단어가 아예 명시되어 있다.

120 그렇다면 하나에게 그렇게 하는 기술은 여럿에게도 그렇게 하고, 여럿에게 그렇게 하는 기술은 하나에게도 그렇게 하지 않나요? : 독자의 입장에서는 이 물음을 통한 확인이 왜 필요할까 궁금해질 수 있다. 아래 137e6 이하에서 이 논점이 다시 거론된다.

121 사법(司法)적인 [앎](hē dikastikē) : 앞으로 당분간은 생략된 말을 '앎'으로 보충하게 될 것이다. 여기 문맥 때문에 편의상 그런 것이고, 사실 생략된 말은 '앎' 대신 '기술'로 보아도 상관없다는 점이 아래 138b에서 드러나게 된다. 그곳에 이르기까지는 편의상 생략된 말을 '앎'으로 통일하여 보충하겠다.

122 그것은 : 혹은 '그는'. 위에서 말했듯이 원문에서는 사람과 동물의 지칭 방식이 구별되어 있지 않다. 이 맥락에서 우리말의 통상 어법대로 '그것', '어떤 자' 등으로 옮기는 말들이 아래에서 사람에게 해당하는 지칭 '그', '어떤 자/사람' 등으로 옮기는 말들과 원문에서는 아무런 차이가 없다.

123 〈소들(bous)〉 : 해당 단어가 원문에 없는데, 보충해 넣자는 베커 (Bekker)의 제안을 따랐다. 이 생략어 보충이 우리말 구조상 두 번 적용되었지만 원문에서는 한 번 이루어진다.

124 절제 있음(sōphronein) : 본래 '자기 제어', '자기 통제', '자기 지배' 등의 뉘앙스를 가진 말이다.

125 그렇다면 델피의 새김글이 권하는 건 이것, 즉 절제와 정의를 연마하라는 것 같네요. : 델피 아폴론 신전의 새김글 '너 자신을 알라'를 거론하면서 자신을 안다는 것과 절제를 동일시하는 논의는 『카르미데스』 164d~165b에 개진되어 있다.

126 그렇다면(oukoun) : 혹은 '그런데'.

127 게다가, 정말이지, 바로 이렇게. 즉 불의를 저지르는 사람들이 대가를 치를 때, 국가들이 잘 경영되는 것이기도 하지요. : 혹은 '게다가, 정말이지, 국가들이 잘 경영되는 것 또한 바로 이런 식으로[/바로 이럴 때]지요. 즉, 불의를 저지르는 사람들이 대가를 치를 때 국가들이 잘 경영되지요.'

128 이견(hautē) : 혹은 '이 [앎]은'.

129 정치술(politikē) : 혹은 '정치적인/정치가의/시민적인 [앎]'. 아래에서 드러나듯 '정치술'이나 '정치가'는 왕정이나 참주정 같은 일인 통치에는 적용되지 않는 개념으로 사용된다. 이는 『정치가』 258e~259d 등에서도 그러하며, 『정치학』 등 아리스토텔레스의 논의에서는 그런 방식의 용법이 꽤 일관성 있게 적용된다.

130 가정 경영자(oikonomos) : 혹은 '가장'. 여기서 '가정 경영자'로 번역하는 '오이코노모스'(oikonomos), 그리고 아래에서 '가정 경영(술)'으로 번역하는 '오이코노미케'(oikonomikē)는 서양의 '경제'(economy), '경제적'(economic)이라는 말의 어원이 된 말이다. 위에서 '정치술'로 옮긴 '폴리티케'(politikē), 그리고 아래에서 '정치가'로 옮기는 '폴리티코스'(politikos)가 '정치'(politics), '정치적'(political)이라는 말의 어원이 된 것처럼 말이다. 이와 관련해서는 경제와 정치의 대비(달리 말해, 노동 및 작업 대 행위, 가정 대 폴리스, 자신의 것/사적 영역 대 공적인 것/공적 영역, 필연성 내지 욕구의 영역 대 자유의 영역의 대비)에 관한 아렌트(H. Arendt 1998)의 논의(특히 2장, 그 가운데서도 5절)가 참고할 만하다. 두 영역의 대비에 초점을 맞추는(따라서 그 점에 관한 한 아리스토텔레스 라인에 서 있는) 아렌트의 논의는 두 영역이 하나의 기술에 의해 포괄된다는 여기『사랑하는 사람들』저자의 논의와 대척점에 서 있다. 아리스토텔레스의 입장에 관해서는 아래 '하나의 기술' 관련 주석을 참고할 것.

131 주인(despotēs) : 혹은 '가장'. 노예 소유주로서의 가장이라는 의미가 이 말의 일차적인 의미이지만, 보다 일반적인 의미의 '주인'이나 '주재자' 혹은 '독재자', '전제 군주' 등을 가리키는 말로도 자주 사용되었다.

132 정의를 가지고서(dikaiosynēi) : 혹은 위에서 옮긴 것처럼 '정의에 의거해서'. 아래에서도 마찬가지.

133 그럼 이 사람이 가정을 잘 경영하는 것도 정의를 가지고서일까요, 아니면 다른 어떤 기술을 가지고서일까요? : 혹은 '그럼 이 사람 또한 정의를 가지고서[/정의에 의거해서] 가정을 잘 경영할까요, 아니면 다른 어떤 기

술을 가지고 그렇게 할까요?'

134 정치술(politikē) : 혹은 '정치적인/시민적인/정치가의 기술'.

135 군왕술, 참주술, 정치술, 주인술, 가정 경영술, 정의, 절제가 하나의 기술이
고요. : 군왕술, 정치술, 주인술, 가정 경영술의 동일성 논의는 『정치
가』 258e~259d 등에도 등장한다. 플라톤의 이런 입장에 관한 아리스
토텔레스의 반론은 『정치학』 1권 1장 1252a7~16, 3권 6장 1278b30~
1279a21에 등장하며, 『니코마코스 윤리학』 8권 10장 1160b22~
1161a9나 『에우데모스 윤리학』 7권 9장 1241b24~40에도 관련 논의
가 나온다. 『정치학』 1권 1장의 해당 대목은 플라톤을 의식하면서 다
음과 같이 시작한다. "그런데 정치가(politikon), 왕(basilikon), 가정 경
영자(oikonomikon), 주인(despotikon)의 능력이 같다고 생각하는 사람
들이 하는 말은 아름답지 못하다."(1252a7~9)

136 그럼 지혜 사랑하는 사람에게는 : B 사본을 따라 'poteron'으로 읽었다.
T 사본을 따라 'ti'로 읽으면 '그럼 지혜 사랑하는 사람에게는' 대신에
'그럼 지혜 사랑하는 사람에게는 어떤가요?'가 된다.

137 아무런 기여(symballesthai)도 못한다 : '기여하다'를 '능력(dynasthai)도 없
다'에 걸어 '어떤 기여를 할 능력도 없다'로 옮길 수도 있다.

138 그런 것들(toutōn) : 즉, 말해지거나 행해지는 것들.

139 기여(symballesthai)도 못한다 : 직전의 같은 표현의 경우처럼 '기여하다'
를 '능력(dynasthai)도 없다'에 걸어 '기여할 능력도 없다'로 옮길 수도
있다.

140 수치스러운 일이 아닌 건가요? : 생략된 말까지 보충해서 새기자면, 사
실상 '~ 수치스러운 일이 아닌 건가요, 아니면 후자일 때도 수치스러
운 일인가요?'라는 질문이며, 뒤쪽에 대한 긍정을 유도하는 질문이라
할 수 있다.

141 기여할 아무것도 갖고 있지 않다(mēden echein symballesthai) : 혹은 '아무
런 기여도 못한다', '기여할 능력이 전혀 없다'로 옮길 수도 있다.

142 그래서(kai) : 혹은 직역하면 '그리고'.

143 그래서 이 기술에 속하는 모든 것들에 있어서 이등 자리를 차지함으로 해서 지혜 사랑하는 사람이 실은 이들 가운데 누군가가 있는 한은 쓸모가 없다(achreion)고 : 이 부분을 삭제하자는 샨츠(Schanz)의 제안이 있었고, 리크(1987)처럼 이를 따르는 사람도 있다(626쪽과 주석 10).

144 그 자신이 판결을 하며 제대로 벌주어야(auton kolasteon dikazonta orthōs) : 혹은 '그 자신이 제대로 판결하며 벌주어야'.

145 우리에게 있어(hēmin) : 혹은 '우리가 보기에'.

146 많은 배움(polymathia) : B 사본대로 'polymathia'로 읽었다. T 사본의 'philomathia'로 읽으면 '배움 사랑'이 된다.

147 몰두(pragmateia) : 혹은 '전념'.

148 배우지 않은(amathēs) : 혹은 '배움이 없는', '무학의', '무교육의'. 일상어의 통상 용법대로는 '배우지 못한', '무식한', '무지한'으로 옮길 수도 있다. 그러나 이 문맥에서는, 즉 '많은 배움'을 강조하며 이 체육인을 상대로 빼기다가 소크라테스에게 논박당해 수치심으로 침묵하는 '지혜로운 사람'과 대비를 이루는 맥락을 고려할 경우에는, 보다 중립적인 개념으로 새기는 것이 적당해 보인다.

149 내 말이 맞다고(ekeinōs einai) : 혹은 '그렇다고', '내가 말한 그대로라고'.

150 다른 사람들(hoi alloi) : 즉, 아이들.

작품 안내

『사랑하는 사람들』[1]도 특이하다. 제목에 있어서는 전설적 인물을 따서 제목으로 삼은 『미노스』[2]보다도 더 특이하다고 할 만하다. 『미노스』는 그나마 제목이 고유명사로 되어 있지만, 『사랑하는 사람들』은 아예 고유명사 제목을 떨쳐 버렸다. 플라톤 저작집에 속한 작품 35개[3] 가운데 고유명사 제목을 단 작품이 27개인 반면, 보통명사 제목을 가진 작품은 8개에 불과하다. 그 8개 속

---

1 원어 제목 '에라스타이'(Erastai)에 관해서는 본문 서두의 해당 주석을 참고할 것.

2 『히파르코스』도 마찬가지다. 보다 상세한 내용은 『미노스』 작품 안내를 참고할 것.

3 트라쉴로스가 4부작 9개로 배열한 작품 36개 가운데 『편지들』을 뺀 숫자다. 보다 상세한 내용은 『미노스』 작품 안내의 해당 주석을 참고할 것.

에는 우연찮게도 하나같이 사람들의 눈길을 많이 받아 온 작품들이 포함되어 있다. 『소크라테스의 변명』, 『향연』, 『국가』, 『소피스트』, 『정치가』, 『법률』이 그렇다. 나머지 2개는 통상 위작으로 간주되어 온 것들인데, 그중 하나가 『법률』 후속으로 위치 지어진 『에피노미스』[4]이며, 나머지 하나가 여기 이 『사랑하는 사람들』이다. 그러니까 위작임이 상당히 확정되어 있을 뿐만 아니라 제목과 태생 모두에 있어서 『법률』에 종속되어 있기도 한 『에피노미스』를 논외로 한다면, 『사랑하는 사람들』은 흥미 있는 보통명사 제목을 달고 있는 6개 굵직한 작품들과 당당히 어깨를 나란히 하고 있는 유일한 작품인 셈이다. 여기서 상세히 다룰 수는 없지만, 보통명사 제목의 이 작품들은 플라톤이 특정의 구체적 인물을 제목에 내세우지 않을 중요한 이유들을 가지고 있었을 법한 것들이다.[5] 『사랑하는 사람들』은 굳이 더 세분하자면 이 7개 작품들 가운데서도 『소피스트』, 『정치가』와 묶일 만한 작품이다. 어떤 인물군을 가리키는 제목이라는 점에서 그렇다. 잘 알려져 있듯이, 플라톤은 한때 『소피스트』, 『정치가』에 이어 『철학자』라는 제목의 작품을 삼부작의 일환으로 구상한 적이 있었던 것으로 보

---

4 아예 이름까지도 그렇게 지어졌다. '에피노미스'(Epinomis)라는 이름을 분석하면 '법률 후속편'이라는 뜻이다.

5 물론 보통명사 제목과 고유명사 제목을 함께 가진 유일한 작품 『소크라테스의 변명』은 이 점에 있어서 나머지 7개 작품과 달리 아주 특별하다.

인다.[6] 아무튼 『사랑하는 사람들』이 플라톤 저작집 내에서 범상치 않은 작품임은 이미 제목에서부터 잘 드러난다 할 수 있겠다.

이 작품이 가진 또 다른 특이성은 그 전달 방식에 있다. 소크라테스가 직접 화자로 등장하여 자신이 참관한 대화에 관해 처음부터 끝까지 죽 이야기를 전달(내레이션)하는 작품은 플라톤 저작집 35개 작품 가운데 『카르미데스』, 『뤼시스』, 『국가』, 그리고 이 『사랑하는 사람들』, 이렇게 4개뿐이다. 제목이 함축하는 에로스(사랑)라는 주제와 관련해서도 그렇고, 활달하면서도 에로틱한 서두를 비롯한 전반적인 세팅과 분위기에 있어서도 이 작품은 『카르미데스』, 『뤼시스』와 상당히 닮아 있고, 그것들과 좋은 짝을 이룰 만한 작품이다. 또한 철학이 무엇이고 철학의 가치가 무엇인지가 특히 정치철학과 연관되어 다루어진다는 점에서 이 두 작품만이 아니라 『국가』와도 상당히 주제적 친연성이 높다고 할 수 있다.[7]

소크라테스가 만나는 두 사랑하는 사람과 그들의 주목 대상인 두 소년의 이름이 적시되지 않는다는 점 또한 특이하다. 익명의 동료와의 대화라는 특징을 가진 『미노스』에 비견될 만한 익명

---

6 왜 포기했는지에 대해 답하기 위해 많은 사람들의 재기와 상상력이 동원되어 왔다. 『법률』이라는 훌륭한 대체물이 있었다는 것도 그런 대답 가운데 하나다.

7 내레이션의 역할에 관해서는 아래에서 다시 상론될 것이다.

성이 어기서도 특기할 만한 사항이다. 논쟁을 벌이던 두 소년이야 대화 경청자니까 그럴 수 있다 쳐도, 소크라테스와 직접 대화를 나누는 두 연적 젊은이까지도 배경이나 역사성, 성격 등을 담지한 구체적 개인들로 등장하지 않는다. 어쩌면 제목이 고유명사로 되어 있지 않다는 것에서 이미 등장인물의 이런 비구체성과 비역사성이 예견되어 있던 것이라 치부할 수도 있겠다. 그러나 작품 속에서 구체적 인물을 거명해야 할 필연성이 딱히 두드러지지 않는 대목에서는 저자가 굳이 역사적 인물을 거명하는 걸 보면,[8] 이런 익명화는 의식적이고 의도적인 것이었을 수 있다. 게다가 대화가 벌어진 시간도 특정되지 않고 상당히 막연한 과거의 어느 시점으로 설정되는 것을 보면, 저자가 구체적 역사성과 거리를 두려는 방침을 일관되게 유지하고 활용하려는 의도와 계획이 배후에 있었을 수 있다.

이런 특이성들이 우리에게 시사하는 바는 무엇일까? 특히 마지막에 언급한 익명화, 비역사화라는 특이성은 위작의 증거로 이용되기 딱 좋은 항목이기도 하다. 그러나 그런 소극적인 딱지 붙이기로 직행하기 전에 우리는 왜 저자가 굳이 소크라테스의 대화 상대자들을 익명으로 남기고 구체성과 역사성을 제거하는 방식으로 이야기를 개진하는 방식을 택했을까, 그런 진행 방식

---

8 아낙사고라스와 오이노피데스를 거명하는 서두의 132a~b가 그렇다.

과 대화의 주제는 또 무슨 연관을 가지는 걸까 등과 같은 물음들을 먼저 물어야 할 것이다. 그런 물음들을 염두에 두면서 이 작품의 문제의식과 메시지를 차근차근 따라가 보는 건 독자들 각자의 몫이다. 이제 나도 한 사람의 독자로서 작품의 흐름을 간단히 스케치하고, 인상적인 대목들을 중심으로 몇 가지 코멘트를 덧붙여 보고자 한다. 결정적 독해나 해석으로 의도된 것이 전혀 아니며 어디까지나 그저 참고용일 뿐임은 새삼 강조할 필요조차 없다.

작품은 화자인 소크라테스가 특정되지 않은 과거 어느 시점에 글 선생 디오뉘시오스의 학교 건물에 들어가서 목격하고 경험하게 된 어떤 장면의 묘사로 시작한다. 외모와 가문이 출중한 소년 둘이 모종의 천문학에 관련된 것으로 보이는 쟁론을 열심히 벌이고 있고, 그들을 (보다 정확히는, 그들 둘 중 하나를) 사랑하는 사람들, 즉 연적인 두 젊은이가 곁에서 지켜보고 있는 장면이다. 소크라테스는 마침 옆에 앉아 있던, 둘 중 한 젊은이에게 쟁론에 쏟는 소년들의 열의를 고려하면 그 쟁론이 뭔가 아름다운 것을 두고 펼쳐지는 것일지 모른다는 자신의 추측을 확인받으려 하는데, 이 젊은이는 그들의 천문학 쟁론이 지혜 사랑에 속하는 허튼소리라는 험한 평가를 제시한다. 이에 지혜 사랑이 추한 것이라 생각하는 거냐고 소크라테스가 묻자, 이번엔 또 다른 젊은이가 나서서 체육 활동에 열심인 앞서의 그 젊은이(이하 편의상 '체육인'이라 부르자)가 지혜 사랑을 추한 것으로 간주한다는 건 분명하다고 대신 대답한다. 이에 소크라테스는 말이 아닌 행위에 대한 경험을 자처하는 체육인 대신에, 시가로 시간을 보내며 지혜로움을 자처하는 이 젊은이(이하 편의상 '애지인'이라 부르자)와 문답을 나누기로 작정하고 같은 질문을 그에게 던진다. 그러는 사이에 두 소년이 쟁론을 멈추고 이들의 대화에 관심을 기울이며 경청하게 되는데, 소크라테스와 애지인은 이들이 가진 외모의 아름다움을 의식하며 정신이 아뜩해진다.[9]

체육인과 달리 자신은 지혜 사랑이 아름다운 것이라고 생각한다고 애지인이 주장하자, 소크라테스는 어떤 것의 미추를 이야기하려면 그것이 무엇인지부터 알아야 함을 함께 확인한 후에 지혜 사랑이 무엇인지를 묻는다. 애지인이 솔론의 시구를 인용하면서 지혜 사랑은 '많은 배움'이라는 대답을 내놓자, 소크라테스는 지혜 사랑이 아름다운 것이면서 좋은 것이기도 함을 확인하고 체육 사랑도 그런지를 묻고 동의를 얻는다. 이후 소크라테스가 체육 사랑은 몸을 좋게 하려는 것인데, 많은 단련(그리고

---

9 이 장면의 묘사는 『카르미데스』의 인상적인 서두를 떠올리게 한다. 카르미데스의 옷자락 속을 우연히 보게 된 자신이 열정으로 불타 정신 줄을 놓게 되었다고 소크라테스가 술회하는 장면(155d) 말이다.

많은 음식)이 아니라 적당한 단련(그리고 적당한 음식)이 몸을 좋게 만들지 않느냐는 질문으로 그를 몰아세우고 체육인까지 합세하자, 애지인은 소크라테스의 논점에 동의를 표한다.[10] 이에 영혼의 경우에 문제되는 건 배울거리들일 텐데,[11] 이 경우도 많은 배울거리들이 아니라 적당한 배울거리들이 영혼을 이롭게 한다는 논점을 소크라테스가 제시하고 애지인의 동의를 받는다. 이어 그런 적당함[12]에 대해 조회할 전문가가 몸의 경우는 의사나 체육 선생인데 영혼의 경우는 누구인가 하는 소크라테스의 질문에 아무도 대답을 하지 못하고 대화자들은 막막한 상태(아포리아)에 빠진다.

　의기소침해진 대화자들을 추스를 다른 방향의 타개책을 모색

---

10 보다 정확히 말하면, 지혜인의 대응은 이중적이다. 해당 논점을 소크라테스에게는 인정하지만 체육인에게는 인정하지 않으려 한다. 이런 이중성은 체육 사랑이 아름다우면서 좋은 것이기도 하다는 논점을 소크라테스에게만 인정하고 체육인에게는 인정하지 않았던 앞서의 대목(133d~e)에서도 이미 표명된 바 있다.

11 이 대목이 『미노스』 말미에서 두 대화자를 아포리아에 빠트린 질문, 즉 몸의 경우 훌륭한 입법자의 배분 대상인 자양분과 노동(여기 논의에서 거론된 음식과 단련에 각각 해당함)인데, 영혼의 경우 배분 대상이 무엇인가 하는 질문에 대한 보다 진전된 대답이 이루어지는 대목이라 할 수 있다.

12 이제까지 이야기되어온 적당함이 표면적으로 거론된, 양의 적당함만이 아니라 종류의 적당함까지 포괄하는 것이라는 점이 이 대목에서 확인된다. 이제부터는 적당함이 묘하게 양과 종류 사이에서 '적당히' 줄타기를 하는 모양새가 펼쳐지게 된다.

하면서 소크라테스는 어떤 '종류의' 배울거리들이 지혜 사랑하는 사람이 배워야 할 것들인가라는 물음, 그러니까 (이제까지 거론된 적당한 양의 물음으로부터) 적당한 종류의 물음으로 이행한다. 이에 애지인은 많음, 즉 양을 완전히 포기하지는 않은, 그러면서도 종류의 문제를 건드리는 복합적인 대답을 내놓는다. 지혜 사랑에서 가장 많은 명성을 얻게 될 배울거리가 그것인데, 그런 명성은 모든 기술들에, 혹은 적어도 가능한 한 많은 기술들에 숙련되어 있다는 평판을 받을 때, 특히 주목할 만한 기술들, 즉 자유인에게 알맞은 통할 기술들에 숙련되어 있다는 평판을 받을 때 얻어진다는 것이다. 그런 대단한 기술은 많이는 고사하고 두 개를 얻기도 어렵지 않겠냐는 소크라테스의 반론에 대해 애지인은 기술자/장인만큼 엄밀하게 공을 들일 게 아니라[13] 기술자의 말을 남들보다 잘 따라갈 만큼만 모든 기술에 적당히[14] 접하는 상태, 즉 일종의 오종경기 선수처럼[15] 이인자가 되어야 한다고 주장한다.

이에 소크라테스는 지혜 사랑하는 사람은 쓸모 있는 사람이라는 전제에 대한 동의를 얻은 후에, 건강, 항해 등 긴급한 경우 지

---

13 애지인은 하나의 기술에 얽매이는 일을 일종의 노예됨이라 간주하고 있다.

14 '적당함'은 소크라테스만이 아니라 애지인도 추구하는 바임이 이 대목에서 드러난다.

15 오종경기 선수 비유 자체는 소크라테스가 제안한다.

혜 사랑하는 사람이 아니라 의사, 조타수 등 기술 가진 사람에게 의존할 것이라는 점을 일반화하여 기술자가 있으면 지혜 사랑하는 사람은 쓸모없게 되어 결국 애초에 동의한 전제와 어긋나게 된다는 점을 밝힌다. 그리고 이를 기반으로 애지인이 제시한 이인자론의 부당성을 이끌어낸다.[16]

이후 그는 곧바로 대안을 모색하는 논의로 이행하는데, 말이나 개의 사례를 이용하여 대상을 제대로 벌주는 기술과 좋게 만드는 기술이, 그리고 쓸모 있는 대상과 없는 대상을 구별하는 기술이 같은 기술임을 확인하고 이것이 사람에게도 적용됨을 보이며, 또한 하나에게 적용되는 기술이 여럿에게도 적용됨을 확인한다. 그러고는 다시 이 논변을 정치 영역에 적용하여, 국가에서 제대로 벌주는 앎이 사법적인 앎/기술[17], 즉 정의이며, 그것에 의거하여 쓸모 있는 사람과 없는 사람을 구별하기도 하는데, 쓸모 있는 사람과 없는 사람을 구별한다는 것은 사람이 자신을 안다는 것이고, 자신을 안다는 것은 절제 있다는 것이므로, 결국 정의와 절제는 같은 것임을 보인다. 이어 소크라테스는 제대로 벌

---

16 사실 지혜 사랑, 즉 철학이 아름다운 것이라는 전제를 거부하는 선택지도 가능할 텐데, 두 대화자는 그 가능성은 아예 거들떠보지도 않는다.

17 원어상으로 자주 생략이 이용되는데, 생략된 말은 당장에는 '앎'이지만 이후 어느 순간부터는 '기술'로 바뀌며 혼용된다. 이 작품에서는 앎과 기술이 상호 대체 가능한 개념으로 사용된다.

주는 기술(즉, 정의)은 국가를 잘 경영하는 정치술이고, 다스리는 게 한 사람일 경우에는 군왕술 내지 참주술이며, 그 정의를 가지고 가정을 잘 경영하기도 하므로, 결국 군왕술 내지 참주술, 정치술, 주인술 내지 가정 경영술이, 그리고 앞에서 확인된 바 있는 정의, 절제가 모두 하나의 기술이라는 결론에 이른다.

삶의 중차대한 영역인 이런 정치 영역에서 전문가가 말할 때 지혜 사랑하는 사람이 말을 따라가지 못하고 덧붙일 말도 없다면 앞서 거론된 다른 기술들의 경우에서보다 훨씬 더 그 쓸모없음에 부끄러워질 것이므로, 결국 지혜 사랑은 많은 배움이라거나 여러 기술들에 대한 몰두라는 애지인의 주장은 받아들일 수 없는 것임이 최종적으로 확인된다. 이런 자신의 논변에 참석자들이 어떤 반응을 보였는지에 대한 소크라테스의 보고, 즉 애지인은 수치 때문에 침묵한 반면, 체육인은 맞장구쳤으며 소년들은 칭찬으로 대응했다는 보고와 함께 소크라테스의 이야기가 마감된다.

이 작품을 읽으면서 우리가 가장 많이 떠올리게 되는 말 가운데 하나는 "박식이 지성(nous)을 가르치지 않는다."는 헤라클레이토스의 말이다.[18] 이 작품의 소크라테스처럼 헤라클레이토스

18 헤라클레이토스 단편 40 (DK 22B40). 이어지는 말은 다음과 같다. "그랬다

역시 많은 배움이 아니라 그 모두를 관통하는 하나의 통찰 내지 지혜에 관심을 가졌고, 그것을 지혜 사랑, 즉 철학의 핵심이라고 주장했던 것이다. 그 헤라클레이토스처럼 여기 소크라테스도 꽤나 혹독하게 애지인을 몰아세운다. 열심히 두루두루 여러 '교양'과 '학식'을 쌓겠다는 우리의 이 '갸륵한' 애지인, 즉 철학도를 말이다. 오늘 우리 입장에서는 이런 욕망과 열정에 가득 찬 사람이야말로 어여삐 보아 줄 만한 사람일 수도 있겠건만, 그런 유의 박식은 쓸모없으며, 모든 것을 관통하고 통합하는 유일한 기술인 정치술을 얻어야만 한다고 소크라테스는 설파한다. 애지인의 어설픔에 대한 그의 지적과 질타의 강도만큼이나, 하나의 결정적인 기술에 대한 그의 태도와 확신은 어쩌면 『미노스』에서보다 더, 확연하고 꿋꿋하다. 그 자신이 이야기를 전달하면서 애지인의 반응에 관해 코멘트하는 입장이기에 더더욱 그런 모습은 두드러져 보인다. 『미노스』에서처럼 여기서도 하나와 여럿의 문제가 상당히 첨예하게 부각된다. 『미노스』에서 소크라테스의 공격을 받던 동료의 입장에 대해서 그랬듯, 여기 애지인의 입장 또한 우리가 그저 기각하고 말 것인지, 소크라테스의 논의 의도와 목적은 무엇인지 좀 더 숙고해 볼 필요가 있지 않을까 싶다.

면 그것이 헤시오도스와 피타고라스도, 또 크세노파네스와 헤카타이오스도 가르쳤을 테니까."

그런데 소크라테스의 이런 보고와 고멘트에 낄린 태도와 입장을 오늘 우리가 가감 없이 그 모습 그대로 수용하는 건 아무래도 무리가 있어 보인다. 일단, 기술이나 지식의 습득에 거의 제한이 없다 할 정도로 정보의 원천이나 통로가 무한히 열려 있는 시대, 그래서 전문가와 비전문가의 경계가 허물어지고 있는 시대이고 보면, 폭넓게 학식과 기량을 쌓고 익힌다는 전략이 고전기 희랍의 소크라테스에게 받아들여지는 만큼 덧없거나 무익한 것으로 보이지는 않는다. 그리고 당대인의 관점에서 접근하더라도, 그런 단일한 앎/기술이 과연 존재하는 것인지, 설사 존재한다고 해도 또 그것을 어떻게 획득할 것인지, 설사 획득했다고 하더라도 그것을 어떻게 확인하고 승인할 것인지 등 해결해야 할 물음들이 적지 않다. 더 근본적으로는 그렇게 개별과 특수를 추상한 보편적 앎/기술을 소유하는 것만으로 오늘 우리의 현실적, 실천적 물음과 문제들이 손쉽게 풀릴 수 있을지가 문제다. 오늘 우리는 차치하고라도 당장 플라톤의 제자 아리스토텔레스만 하더라도 이런 단일한 앎/기술의 전제나 유효성에 상당한 의문을 표시한 바 있지 않은가?[19] 그가 『니코마코스 윤리학』에서 강조해 마지

---

19 정치술과 군왕술, 가정 경영술의 동일성에 대한 아리스토텔레스의 비판은 상당히 잘 알려진 차이이다. 『정치학』 등 관련 문헌에 관해서는 138c의 관련 주석(주석 135)을 참고할 것.

않던, 지혜와 구별되는 '현명'(프로네시스)의 중요성은 바로 그런 실천적 고민과 숙고의 산물이라 할 수 있다. 아리스토텔레스의 입장은 아무래도 이 작품이나 『미노스』에 등장하는 소크라테스보다는 여기 애지인이나 『미노스』의 동료가 대변하는 입장과 훨씬 더 잘 어울리는 것으로 보인다. 아무튼 이 작품은 플라톤에서 아리스토텔레스로 넘어가는 길목에서 윤리학적으로, 혹은 정치철학적으로 문제되는 것들이 무엇인지를 잘 보여 준다는 점에서 주목할 만하다.

'지혜 사랑에 관하여'라는 트라쉴로스적인 부제에서도 잘 드러나 있듯, 이야기의 전반적인 흐름은 방금 언급한 철학론에 관련되는 것이라고 말할 수 있겠지만, 제목에 포함되어 있는 에로스가 잘 보여 주듯, 이야기의 또 다른 축은 교육이다. 이 작품이 이 두 축을 중심으로 전개된다는 것은 서두의 세팅이 선명하게 보여 준다. 통상의 플라톤 작품에서 대화가 벌어지는 장소로 큄나시온이나 팔라이스트라 등 학교가 등장하는 것은 아주 흔하지만, 플라톤이 교육받았던 곳으로 알려져 있기도 한 디오뉘시오스의 학교[20]에서의 다이내믹한 논쟁 묘사 장면은 유난히 구체적

---

20 작품의 시작 어절이 '디오뉘시오스의 학교 (건물)에'(eis Dionysiou)라는 점이 상당히 인상적이다. 플라톤의 추억의 학교라는 보고에 관해서는 서두의 해당 주석을 참고할 것.

이고 특수하다.[21] 천문학 논쟁에 열중하는 소년들 가운데 하나의 모습이 플라톤 자신의 어린 시절 모습이었을 수 있다고 생각하면, 혹은 자신이 졸업한 추억의 학교를 다른 모습과 느낌으로 다시 찾아가서 그 소년들을 바라보며 철학에 관해 논하는 애지인 젊은이의 모습이 플라톤 자신의 청년 시절 모습이었을 수 있다고 생각하면, 이 작품의 논의는 그저 철학론이나 권학론에 머무는 것이 아니라 세대를 교차하는 교육의 이야기요 문화적 소통의 이야기일 수 있다.

그런 이야기의 층위 설정들에 걸맞게 이 작품은 일종의 액자적 구조와 유사한 모양새를 가지고 있다. 가장 안쪽에 소년들의 쟁론이 있고, 그걸 바라보는 연적 젊은이들의 대화와 경쟁이 있으며, 다시 그들과 소크라테스 사이의 대화가 있고, 마지막으로 그걸 어떤 청자(들)에게 보고하며 이야기를 전달해 주는 소크라테스의 내레이션이 있다. 그것들의 가장 바깥에는 저자와 독자인 우리 사이에 이루어지는 대화가 있다는 것 또한 빼놓을 수 없는 사항이다. 이 작품이 『미노스』처럼, 그리고 여느 플라톤 작품들처럼 직접 대화 방식이 아니라, 소크라테스 자신의 내레이션

---

21 익명성을 특징으로 하는 이 작품 전반의 분위기에 어울리지 않게 논쟁의 주제에 관해 화자 소크라테스가 굳이 추측을 시도하면서 특정 학자 내지 선생들(아낙사고라스와 오이노피데스)의 논의 전통과 연결을 시도하는 장면이 매우 인상적이다.

형식을 취하는 것도 바로 이런 액자적 구조가 철학과 교육 이야기에 어울리는 메타적 성찰을 담을 수 있는 방식이어서였을 수도 있다. 철학적 대화 내지 철학 교육을 실행하고 있으면서 자신이 하고 있는 일 자체에 대한 숙고와 성찰이 동시에 진행되는 것, 그것은 내레이션 방식을 취하는 플라톤의 다른 작품들, 즉 『카르미데스』, 『뤼시스』, 『국가』가 공히 보여 주는 특징적 면모에 속한다. 그리고 그런 메타적 성찰이 진행되는 과정에서 꽤 의도적으로 제시되고 재현되고 있는 이 작품 특유의 면모 가운데 하나는 교육자로서의 소크라테스와 사랑하는 자로서의 두 젊은이 간의 비교라 할 수 있다.

이 작품의 두 축인 철학론(내지 인문학론)의 문제와 철학 교육(내지 인문 교양 교육)의 문제가 상당히 긴밀한 연관을 가진 채로 숙고를 요구하기에 오늘 우리에게도 이 작품은 여전히 흥미로울 수 있다.[22] 디오뉘시오스 학교 학생들의 논쟁 장면이 젊은 연적들과 소크라테스와의 대화로 이행하는 장면은 소크라테스적 대화로 대변되는 철학으로의 권학(protreptikos) 성격을 띤 논의일 수 있을 터인데, 정작 그 대화에서 다루어지는 건 철학에 대한

---

22 이 작품이 논의하는 '철학' 혹은 '지혜 사랑'은 오늘 우리 관점에서는 '인문학' 혹은 '교양'으로 바꿔 생각해도 좋을 것이다. 앞으로는 그냥 '철학' 혹은 '지혜 사랑'이라고만 줄여 표현할 것이다.

상반되는 반응과 태도들이며, 흥미롭게도 철학에 우호적인 애지인의 입장이 소크라테스의 집중 공격 대상이 된다. 체육 사랑과의 유비를 통해 지혜 사랑에서도 많은 배움이 아니라 적당한 배움이 영혼을 이롭게 한다는 논의가 헤라클레이토스를 연상케 하며 인상적으로 펼쳐졌는데, 아리스토텔레스라면 이 장면을 보고 어떤 평가를 내놓았을지, 혹시 중용이 적용되지 않는 영역도 있는 것 아니냐고 딴지를 걸지는 않았을지 궁금하다.

그런가 하면, 철학 고유의 영역이 있는가의 문제는 최초 철학자들에게서는 거의 만학을 포괄하던 철학이 점차 분과 학문들의 지속적인 분가와 더불어 살림살이가 줄어들면서, 철학이 무엇인가의 문제와 더불어 늘 물어진 문제였다. 애지인이 최초 단계의 철학이 지녔던 포괄성을 계속 추구한다면, 소크라테스는 통할성(architektonikon)[23]을 추구한다고 할 수 있을 터인데, 우리가 무턱대고 후자의 이야기만 좇아가도 되는지는 좀 더 따져보아야 할 문제다. 만능 내지 다재다능이 과연 우리 인문 교양이, 혹은 인문 교양 교육이 추구해야 할 궁극 목표인지는 의심스러운 게 사실이지만, 그렇다고 해서 하나의 통할적 앎이나 기술

---

23 강상진 외(2006)의 『니코마코스 윤리학』 국역자들이 '총기획적'이라고 옮긴 말이다. 나름 무난한 번역어 선택이라 생각한다. 소크라테스가 이 작품에서 건축가(architektōn) 예를 끌어들이는 것(135c)도 바로 이 '통할' 개념을 잘 보여 주는 사례이기 때문일 것이다.

(architektonikē)이 과연 우리 교육이 주목하고 성취해야 할 목표인지 역시 마찬가지로 의심스럽다. 심지어 우리가 이른바 '수월성(excellence) 교육'에 초점을 맞춰 논의한다고 해도 그렇다. 이 작품의 소크라테스가 대변하는 교육은 흔히들 이야기하는 '전인 교육'의 목표와는 아무래도 좀 거리가 있어 보인다.[24] 소크라테스적 교육의 본래 의도가 그렇지는 않겠지만,[25] 그것이 영혼(즉, 정신) 혹은 지성 중심의 접근을 강조하는 것만큼은 분명하며, 그것이 자칫 교육에서 고려해야 할 다른 요소들, 즉 육체적, 정서적, 사회적 소양들에 대한 균형 잡힌 배려에 부정적인 영향으로 작용할 소지가 없지 않기 때문이다.

소크라테스의 진지함은 '소크라테스 이전 철학'적 활동에 진지한 관심을 갖고 있던 소년들을 돌려세울 만큼 영향력이 있었다. 소년들의 이런 관심 전환은 어쩌면 자연학적 관심에서 인간학적

---

24 그렇다고 애지인의 논의가 '전인 교육' 목표에 더 가까이 있다고 말할 수 있는지도 의심스럽기는 마찬가지다. 자유인다움에 어울리는 '이해'(synesis)를 강조하는 것을 보면(135b), 그 역시 주지주의적 교육의 입장에서 벗어나 있지 않은 것으로 보인다. 물론 '전인 교육'이 정확히 무엇인지, 그리고 그것이 우리가 갈 이상적인 방향인지 여부는 별도로 논의해야 할 주제이지만 말이다.

25 이 작품과 자주 비교되는 『카르미데스』 서두에서 소크라테스가 카르미데스에게 두통의 치료제를 제시하는 인상적인 장면(155e~157c)은 영혼–육체의 유기적 연관성 강조가 역사적 소크라테스의 본래 입장이 아니었을까 하는 추측으로 우리를 이끈다.

혹은 정치철학적 관심으로 일대 전환을 이룬 소크라테스 자신의 탐구 여정[26]을 상징적으로 대변하는 것일지도 모른다. 이 소년들을 계속 붙잡아 둘 만큼 소크라테스적 철학과 대화가 즐거울 수 있을까? 권학은 아마도 그것을 추동한 진지함만이 아니라 철학에 계속 머물게 할 만큼의 즐거움과 함께 가는 것이어야 궁극적 성공에 이를 수 있을 것이다. 얼마만큼이나 '재미진' 것이었는지 모르겠지만 아무튼 대화 말미에서 소크라테스적 철학은 소년들의 '칭찬'을 받은 것으로 보고된다. 오늘 우리의 철학은 과연 그렇게 칭찬을 받을 정도로 진지하고 또 그 정도로 즐거운지 되돌아볼 일이다.

26 『파이돈』에 이런 소크라테스의 어린 시절 경험이 인상적으로 술회되어 있다 (97b~100a). 거기서도 아낙사고라스가 자연학적 탐색의 대표 격으로 강조되어 등장한 바 있다.

참고문헌

1. 텍스트와 번역

Burnet, J. (ed.) (1907), *Platonis Opera*, Vol. 2, Oxford Classical Text, Oxford Clarendon Press. [= OCT]

Lamb, W. R. M. (tr.) (1927), *Plato: Charmides, Alcibiades, Hipparchus, The Lovers, Theages, Minos, Epinomis*, Loeb Classical Library, Harvard University Press.

Leake, J. (tr.) (1987), "*Lovers,*" in T. Pangle (ed.), *The Roots of Political Philosophy: Ten Forgotten Socratic Dialogues*, Cornell University Press, 80~90.

Mitscherling, J. (tr.) (1997), Plato: *Rival Lovers*, in J. M. Cooper (ed.), *The Complete Works of Plato*, Hackett, 619~626.

2. 이차 문헌

강상진, 김재홍, 이창우 역 (2006), 『아리스토텔레스: 니코마코스 윤리학』, 이제이북스.

Annas, J. (1985), "Self-knowledge in Early Plato," in D. J. O'Meara (ed.) *Platonic Investigations*, Catholic University of America Press, 111~138.

Arendt, H. (1998), *The Human Condition*, 2nd ed. University of Chicago Press.

Blitz, M. (2019), "Platonic Beginnings," in P. J. Diduch & M. P. Harding (eds.), *Socrates in the Cave: On the Philosopher's Motive in Plato*, Palgrave Macmillan, 39~52.

Bodnár, I. M. (2007), *Oenopides of Chius: A Survey of the Modern Literature with a Collection of the Ancient Testimonia*, Max-Planck-Institut für Wissenschaftsgeschichte. [Preprint 327이 다음 온라인 주소에 있음. http://www.mpiwg-berlin.mpg.de/Preprints/P327.PDF]

Brisson, L. (2014) (ed.), *Écrits attribués à Platon*, Flammarion.

Bruell, C. (1987), "On the Original Meaning of Political Philosophy: An Interpretation of Plato's *Lovers*," in T. Pangle (1987), 91~110.

Cooper, J. M. (1997) (ed.), *The Complete Works of Plato*, Hackett.

Dillon, J. (2012), "Dubia and Spuria," in G. A. Press (ed.), *The Continuum Companion to Plato*, Continuum, 49~52.

Grote, G. (1888), *Plato and the Other Companions of Sokrates*, 1, 3rd ed., John Murray.

Hadot, P. (1995), *Qu'est-ce que la philosophie antique?* Gallimard.

Hadot, P. (2004) tr. by M. Chase, *What Is Ancient Philosophy?* Belknap Press. English translation of P. Hadot (1995).

Heidel, W. H. (1896), *Pseudo-Platonica*, Ph.D. Dissertation, University of Chicago.

Hutchinson, D. S. (1997), "Introduction to *Rival Lovers*," in J. M. Cooper (1997), 618~619.

Moore, C. (2020), *Calling Philosophers Names: On the Origin of a Discipline*, Princeton University Press.

Pangle, T. (1987) (ed.), *The Roots of Political Philosophy: Ten Forgotten Socratic Dialogues*, Cornell University Press.

Peterson, S. (2011), *Socrates and Philosophy in the Dialogues of Plato*, Cambridge University Press.

Peterson, S. (2018), "Notes on *Lovers*," in A. Stavru & C. Moore (2018), 412~431.

Schleiermacher, F. (1836), *Introductions to the Dialogues of Plato*, tr. by W. Dobson, J. & J. J. Deighton.

Stallbaum, G. (1836), "Prolegomena in *Rivales*," in *Platonis Opera Omnia*, Vol. 6, Sect. 2, Hennings.

Stavru, A. & C. Moore (2018) (eds.), *Socrates and the Socratic Dialogue*, Brill.

Thesleff, H. (2009), *Platonic Patterns: A Collection of Studies*, Parmenides.

찾아보기

일러두기

- 같은 자리에 해당 항목이 여러 번 등장할 경우 괄호에 횟수를 표시한다. 예: 316a(2회)
- 비슷한 용례들 사이에 혼동의 여지가 있는 경우, 자리 표시 뒤 괄호 안에 해당 용례를 우리말 혹은 원어로 밝히거나 해당 단어의 몇 번째 용례인지를 명시한다.
- 자리 표시는 OCT의 스테파누스 행 표시를 기준으로 삼는다. 우리말 번역문에 원문의 소절 구분이 정확히 반영되지 않을 수 있으므로, 앞뒤 소절까지 살펴야 할 때도 있다.
- 기호들의 쓰임새
  - * : 번역 본문에서 채택되지 않았으나 해당 항목의 다른, 혹은 더 구체적인 의미나 뉘앙스를 전달해 줄 만한 대안 항목을 표시.
  - − : 해당 항목의 구분된 쓰임새를 나누어 제시.
  - cf. : 해당 항목과 내용이 긴밀히 연결되는 다른 항목을 참조하라는 표시.
  - → : 상세한 정보가 들어 있는 다른 항목으로 이동하라는 표시.

일반용어

한국어 – 희랍어

가냘픈 leptos 134b
가르침을 주다 didaskein 133c

괜찮은, *뛰어난, *제법인, *공정한, *적절한 epieikēs 132a
가장 좋은, 아주 훌륭한, *가장 훌륭한 beltistos cf. 좋은
  — 가장 좋은 137c(5회), d, 139a
  — 아주 훌륭한 139a(ō beltiste

아주 훌륭한 친구: '친구'에 해당
하는 단어는 없음)
가정, 집 oikia
— 가정 138c(2회), e(2회)
— 집 136c
가정 경영술 oikonomikē 138c
가정 경영자, *가장 oikonomos
138c(2회)
같은 생각이다 syndokein 138b
개 kyōn 137c, e
건강 hygieia 136c
건축가, *도편수, *대목(大木), *도
목수 architektōn 135c
겨루다 diagōnizesthai 134c cf. 싸
우다
결정하다 diakrinein 138e
경기 athla 135e
경영하다 oikein, dioikein
— oikein 138b(첫째 용례), e
— dioikein 138b(2회: 둘째와
셋째 용례)
경쟁 agōnia 135e
경험 있는 → 숙련된
고투하다 agōnian 133a
공을 들이다 diaponein 136a
공통의, *공동의 koinos 132d
교육하다 paideuein 135d(교육받은)
구혼자 mnēstēr 135a
국가, *나라 polis 137d, 138b(2회), e

군왕, 왕 basileus
— 군왕 138b, c
— 왕 138d
군왕술 basilikē 138b, c
글 선생 grammatistēs 132a
기대하다 axioun 135a
기술 technē 135b, c(2회), d(2회),
136a, c, 137a, b(3회), c, 138b
(2회), c(2회), 139a
기여하다 symballesthai 135d, 138d
(3회)
기울기 enklisis 132b

나불거리다, *조잘대다, *씨부렁거
리다, *객쩍은 소리를 지껄여
대다 adoleschein 132b
나이 든 presbys 133c
노예가 되다, *노예 노릇하다
douleuein 136a
논변, 말, *논의, *이야기 logos cf.
말해지는 것들, 실제 행위
— 논변 134b, 135a, d, 137a
— 말 132d
놀라다 thaumazein 132c
늙어가다 gēraskein 133c
능가하다 perieinai 136a cf. 이기다

다그치다, *강제하다 prosanankazein
134d

단련, *고생, *노고, *노동 ponos
133e(둘째 용례), 134a(3회), b,
e cf. 많은 단련

달리기 선수 dromeus 135e

대가를 치르다 dikēn didonai 138b

대단한, 큰, 아주 megas
— 대단한 132b(2회), 135c
— 큰 133b
— 아주 136c(당신이 아주 진지
하게 대하는: spoudēn megalēn
echeis)

대답 apokrisis 132c(그의 대답에),
136b

대답하다 apokrinesthai 132c(2회:
저 젊은이의 대답을, 무슨 대답을
할), d, 133a, 137b

대상 → 일

도움을 주다, 옹호하다 boēthein
— 도움을 주다 134a
— 옹호하다 134c

돌봄 epimeleia 136a

동의하다, 합의하다, 의견이 일치하
다 homologein cf. 인정하다,
합의된 것들을 다시 간추리다
— 동의하다 133e, 134c(2회),
d(3회: 첫 세 용례), e, 136b,
c(2회), e(2회), 137c, e
— 합의하다 137a(4회)
— 의견이 일치하다 134e(2회)

동의하다 synchōrein → 인정하다

동의하다 symphanai 134d(넷째 용례)

동의하다, *말하다 phēmi 137d,
e(2회), 138a, b ['그가 말했다'
(ephē), '내가 말했다'(ephēn) 등
'말하다'로 번역되는 'phanai'의 통
상 용례 39개는 생략하고, 일인칭
단수 형태만 등재함.]

돼지 hys 134a

뒤지다 leipesthai, elleipesthai,
apoleipesthai
— leipesthai 135e
— elleipesthai 136a
— apoleipesthai 136b

드라크마 drachmē 135c

드러나다, …하는 것 같다, …하는
것으로 보이다 phainesthai
— 드러나다 139a
— …하는 것 같다 132a(쟁론
하는 것 같기는), b(그리는 것 같
았고)
— …하는 것으로 보이다 136a
(내겐 보이네요), d(그렇게 보이
네요), 137c(그렇게 보입니다),
138b(2회: 그렇게 보이네요),
c(그렇게 보이네요)

따라가다 epakolouthein 135d

뚜렷이 듣다 → 분명하게 듣다

레슬링 선수 palaistēs 135e

마땅한 → 정의로운
마음이 …한 상태다, *…한 느낌이
　　다 paschein 133a
막막한 상태, *곤경, *아포리아
　　aporia 135a(2회)
만들어내다(결과를) apergazesthai
　　135e
말 logos → 논변
말[馬] hippos 137b, d, e(2회)
말을 받다 → 생각하다
말해지는 것들, 말들 ta legomena
　　cf. 논변, 행해지는 것들
　　— 말해지는 것들 138d(2회)
　　— 말들 135d(2회: 장인이 말하
　　는 것들, 어떤 말들)
많은, 여럿, 아주 polys cf. 하나
　　— 많은 133c(많은 가르침들을),
　　133e('많은 단련'의 둘째 용례),
　　134a(많은 단련), b(많은 단련),
　　c(2회), d(2회), 135a, c
　　— 여럿 137d(2회), e(2회)
　　— 아주 139a
많은 단련, *많은 고생, *많이 애씀
　　polyponia, polloi ponoi cf.
　　단련
　　— polyponia 133e(첫째 용례)
　　— polloi ponoi 133e(둘째 용

레), 134a, b
많은 배움, *박식 polymathia 133c,
　　e, 139a
많이 배우다, *박식하다 polymathein
　　137b
맞는 → 참인
맡기다 epitrepein 136d, 138e
명망 있는 eudokimos 132a cf. 보이
　　다(평판을 받다/듣다)
명성, 상식 doxa cf. 보이다(평판을
　　받다/듣다)
　　— 명성, *평판, *명망 135b(2
　　회)
　　— 상식, *통념, *예상, *의견
　　134c
명하다 prostattein 138e
모르다 agnoein 137e(5회), 138a(3회)
　　cf. 알다
목 trachēlos 134b
목 조르다 trachēlizein 132c
목수 tektōn 135c
목수 기술 tektonikē 135b
몰두, *전념 pragmateia 139a
몸 sōma 133e(2회), 134a(2회), b(2
　　회), d, e cf. 영혼
몹쓸, *못된 mochthēros 136e,
　　137c, d, e, 138a cf. 좋은
무례한 agroikos 136e
문제 삼다 amphisbētein 136d

묻다, *질문하다 eresthai, aneresthai
cf. 질문하다, 조곤조곤 질문
하다
— eresthai 132b, c(내 물음과),
d, 133c, 134a, e(3회), 135a(2
회), c, 136e(3회)
— aneresthai 132b(더 묻는 것
조차)
묻다 pynthanesthai 136b
므나 mna 135c

바라다 → 원하다
받아들이다 → 생각하다
방종하다 akolastainein 137d
배 naus 136d
배우다 manthanein 133c(2회), 135a,
b(2회), c
배우지 않은, *배움이 없는, *무학
의/무교육의, *무식한 amathēs
139a
배울거리, *공부 mathēma 134d, e,
135a, b
벌주다 kolazein 137c(4회), d(2회), e,
138a, b
벌주어야 하는 kolasteon 138e
보이다, 생각하다, 생각되다, 생각이
들다, 평판을 듣다, 평판을 받
다 dokein cf. 명성
— 보이다 132c, d, 133a(내가

보기에), b, c(2회: 내가 보기에
도, 보였어요), 135a, e, 136a
— 생각하다, 생각되다 133b
(생각하나요), d(생각하나요),
134a(2회: 생각을 하게 되었어요,
당신도 생각하나요), 139a
— 생각이 들다 132d
— 평판을 듣다 132a
— 평판을 받다 135b, d
보잘것없는, 열등한 phaulos
— 보잘것없는 134c
— 열등한 136c
부추길, *부추겨야 할 kinēteos 134a
분간하다 diagingōskein 137b, 138b
분명하게 듣다, 뚜렷이 듣다 katakou-
ein
— 분명하게 듣다 132a
— 뚜렷이 듣다 133b
분명한, *확실한 saphēs 136b, 137b
cf. 엄밀한
분명한 dēlos 136c
불가능한 adynatos 135c
불법을 저지르다 paranomein 137d
불의를 저지르다, *불의/부정의를
행하다 adikein 138b
비난받을 만한 일, *비난 oneidos
137b
비천한, *상스러운, *저급한 banausos
137b

뿌리는 일, *뿌리기 spora 134e(2회)
cf. 심기

사다 priasthai 135c

사람, *남자, *사나이 anēr 134b(사
람이라면), 135d(교육받은 사람
에게), e(지혜 사랑하는 사람을),
136a(이미 지혜 사랑을 이룬 사람
이라면), b(지혜 사랑하는 사람들
은), 138b(한 사람이), c(한 사람
이) cf. 인간

사랑하는 사람, *애모자 erastēs 132a,
b, d, 133a

사법(司法)적인 dikastikos 137d
(dikastikē 사법적인 (앎))

살다 zēn 137b

살갗이 벗겨져 있지 않은 atribēs 134b

삼등인, *셋째의 tritos 139a

상식 → 명성

새김글 gramma 138a

생각 merimna 134b

생각하다, 생각되다, 생각이 들다
dokein → 보이다

생각하다, 여기다, 선두에 서다
hēgeisthai
— 생각하다 132c(생각하느냐
고), 133c(생각하느냐고), d(2
회: 당신이 생각하기에), e(4회),
136b(생각하나요), c

— 여기다 133b
— 선두에 서다 hēgeisthai 139a

생각하다 oieisthai 132c(생각했습니
까), d(생각하면), 134a(생각했지
요), 137b

생각하다 nomizein 133b(생각할 것이
고)

생각하다, 착상을 갖다, 받아들이다,
말을 받다, *상정하다, *추정
하다 hypolambanein
— 생각하다 136b(생각하는지)
— 착상을 갖다 136a
— 받아들이다 135c
— 말을 받다 135b

선두에 서다 → 생각하다

선수 athlētēs 135e

세련된, *멋진, *마음에 드는 charieis
135d

소 bous 137e(2회)

소년 애인 paidika 133b

소수의 → 적은

손재주 cheirourgia 135b

수치스러운 → 추한

수치스러움을 느끼다, 수치스럽다
aischyneisthai
— 수치스러움을 느끼다 139a
— 수치스럽다 135a

숙고하다 skopein 135a

숙고하다, 이해하다 ennoein

198

얼굴을 붉히다 erythrian 134b

엄밀한, *정확한 akribēs 135d cf.
　분명한

여기다 → 생각하다

여럿 → 많은

연마하다 askein 138a

연적(戀敵) anterastēs 132c, 133b

열등한 → 보잘것없는

열망이 들다 prothymeisthai 136b

열심을 보이다 spoudēn poieisthai
　132b

열심을 보이다, 열심을 갖다, 열심이
　다 spoudazein
　　— 열심을 보이다 137b(2회)
　　— 열심을 갖다 132b
　　— 열심이다 132b

영락없이, *순전히, *기술 없이
　atechnōs 136a

영혼 psychē 134d(2회), e cf. 몸

오종경기 선수 pentathlos 135e,
　136a, 138e

온갖 일에 참견하다 polypragmonein
　137b

올바르게 → 제대로

옹호하다 → 도움을 주다

왕 → 군왕

외모, *형상 idea 132a

욕망하다 epithymein 133e

우선 → 일인자

웃음을 터뜨리다, *웃음으로 맞장구
　치다 epigelan 134b

원 kyklos 132b

원하다, 바라다, …하고 싶어 하다,
　의도하다, *뜻하다, *의미하
　다 boulesthai
　　— 원하다 135e
　　— 바라다 135a
　　— …하고 싶어 하다 136c
　　— 의도하다 135d

유익한, *이로운 ōphelimos 134d
　cf. 이로움을 주다

유익한 걸 얻다, *이로운 걸 얻다
　ōphēleisthai 132d cf. 이로움
　을 주다

음식 sition 134c(2회), e

음식을 실컷 채워 넣다 empimplanai
　132c

음식을 제대로 못 먹은 asitos 134b

의견, *견해, *판단, *생각 gnōmē
　135d

의견이 일치하다 → 동의하다

의기소침해지다, *열의를 잃다
　athymein 135a

의도하다 → 원하다

의뭉스럽게, *능청스럽게, *능치면
　서 eirōnikōs 133d

의사 iatros 134e, 136c, d, 138d

이기다 nikan 135e cf. 능가하다

133b(2회), c(2회), e, 135a(지혜를 사랑하는 사람), c(지혜를 사랑하는 사람), e, 136a(이미 지혜 사랑을 이룬), 137a, b, 139a

지혜 사랑, *지혜 애호, *지혜 추구, *철학 philosophia 132c(2회), 133c, d(2회), e, 135b, 137a

지혜 사랑하는 사람, *지혜 애호자, *지혜 추구자, *애지인, *철학자 ho philosophos 135e, 136a, b, c(2회), d(2회), e, 137a(3회), 138d, e

질문 erōtēma 132d

질문하다, *묻다 erōtan 132d(2회: 질문을 받고 있던, 똑같은 질문을 당신에게 하겠습니다), 133e, 134e cf. 질문, 묻다, 조곤조곤 질문하다

집 → 가정

착상을 갖다 → 생각하다

참인, 맞는 alēthēs
— 참인 136c, 137b
— 맞는 138b

참주 tyrannos 138b, c

참주술, *참주의 기술 tyrannikē 138b, c

처음 → 일인자

천상의 meteōros 132b

체육, *운동, *체육술, *운동술 gymnastikē 132d, 134a

체육, 체육 훈련 to gymnasion
— 체육, *운동 133e
— 체육 훈련, *체력 단련 134c

체육 사랑, *운동 사랑/애호 philogymnastia 133d, e

체육 사랑하는 사람, *체육 애호자, *체육인 ho philogymnastēs 134a

체육 선생 paidotribēs 134e

체육을 사랑하는 사람 ho philogymnastōn 133e

추측하다 topazein 135a

추한, 수치스러운 aischros cf. 아름다운, 수치스러움을 느끼다
— 추한 132c(3회), 133b(2회)
— 수치스러운 138d(3회), 139a

친구 philos 136c, 137b, 138e

친구, *동료 hetairos 139a

칭찬하다 epainein 139a

쿡 찌르다, *툭/슬쩍 건드리다 kinein 223a

큰 → 대단한

투여하다, *적용하다 prospherein

dikazein 판결하다

dikēn didonai 대가를 치르다

dioikein 경영하다

dokein 보이다, 생각하다, 생각되다, 생각이 들다, 평판을 듣다, 평판을 받다

douleuein 노예가 되다

doxa 명성, 상식

drachmē 드라크마

dromeus 달리기 선수

dyo eipein 이중의 말로 답하다

eidenai 알다

eikos 알맞은

eirōnikōs 의뭉스럽게

ekplēttesthai 아뜩해지다

eleutheros 자유인

elleipesthai 뒤지다

empeiria 숙련

empeiros 숙련된, 경험 있는

empimplanai 음식을 실컷 채워 넣다

enklisis 기울기

ennoein 숙고하다, 이해하다

enteinein to toxon 활시위를 당기다

epainein 칭찬하다

epakolouthein 따라가다

epieikēs 괜찮은

epigelan 웃음을 터뜨리다

epimeleia 돌봄

epistasthai 알다

epistēmē 앎

epistēmōn 아는 자

epitēdeuein 종사하다

epitēdeuma 일

epithymein 욕망하다

epitrepein 맡기다

erastēs 사랑하는 사람

eresthai 묻다

ergon 실제 행위

eris 쟁론

erizein 쟁론하다, 쟁론을 벌이다

erōtan 질문하다

erōtēma 질문

erythrian 얼굴을 붉히다

eudokimos 명망 있는

eu echein 좋은 상태다

euexia 좋은 상태

gēraskein 늙어가다

gignōskein 알다

gnōmē 의견

gramma 새김글

grammatistēs 글 선생

(to) gymnasion 체육, 체육 훈련

gymnastikē 체육

hēdesthai 즐거워하다

hēgeisthai 생각하다, 여기다, 선두에 서다

heis 하나, 한

oneidos 비난받을 만한 일

ōphelein 이로움을 주다

ōphēleisthai 유익한 걸 얻다

ōphelimos 유익한

orthōs 제대로, 올바르게

paideuein 교육하다

paidika 소년 애인

paidotribēs 체육 선생

palaistēs 레슬링 선수

paranomein 불법을 저지르다

paschein 마음이 …한 상태다

patēr 아버지

peirasthai 시도하다

pentathlos 오종경기 선수

perieinai 능가하다

phainesthai 드러나다, …하는 것 같
　　다, …하는 것으로 보이다

phaulos 보잘것없는, 열등한

phēmi 동의하다

(ho) philogymnastēs 체육 사랑하는
　　사람

philogymnastia 체육 사랑

(ho) philogymnastōn 체육을 사랑하
　　는 사람

philos 친구

philosophein 지혜를 사랑하다

philosophia 지혜 사랑

(ho) philosophos 지혜 사랑하는 사
　　람

philotimos 자신만만한

phlyarein 허튼소리를 해대다

phyteusis 심는 일

polis 국가

politikē 정치술

politikos 정치가

polloi ponoi 많은 단련

polymathein 많이 배우다

polymathia 많은 배움

polyponia 많은 단련

polypragmonein 온갖 일에 참견하
　　다

polys 많은, 여럿, 아주

ponēros 형편없는

ponos 단련

pragma 일, 대상

pragmateia 몰두

(ta) prattomena 행해지는 것들, 행
　　위들

presbys 나이 든

priasthai 사다

prosanankazein 다그치다

prosēkein 알맞다

prospaizōn 장난스럽게

prospherein 투여하다

pros sou 당신한테 어울리는

prostattein 명하다

prothymeisthai 열망이 들다

prōtos 일인자(인), 처음, 우선

psychē 영혼

pynthanesthai 묻다

saphēs 분명한

sigan 잠자코 있다, 조용하다

sition 음식

skopein 숙고하다

sōma 몸

sophos 지혜로운

sōphrōn 절제 있는

sōphronein 절제 있다

sōphrosynē 절제

sperma 씨앗

spora 뿌리는 일

spoudazein 열심을 보이다, 열심을 갖다, 열심이다

spoudēn poieisthai 열심을 보이다

symballesthai 기여하다

symphanai 동의하다

synchōrein 인정하다, 동의하다

synesis 이해

syndokein 같은 생각이다

technē 기술

tektōn 목수

tektonikē 목수 기술

thaumazein 놀라다

topazein 추측하다

trachēlizein 목 조르다

trachēlos 목

tritos 삼등인

tyrannikē 참주술

tyrannos 참주

zēn 살다

zētein 하려 하다

고유명사

옮긴이의 말

다시 처음처럼! 새삼 『뤼시스』를 펴낼 때가 떠오른다. '메이저' 철학자들, '메이저' 작품들에만 온통 쏠리는 우리의 관심과 시선의 무심함을 되돌아보고, 미지의 '마이너' 작품들을 하나하나 살피며 숙고와 사유를 풍부하고 다양하게 해야 한다는 생각을 재삼 다졌던 그때가 불과 엊그제 같다. 그닥 '폼' 나는 것도 남들이 대단히 알아줄 것도 아니지만, 고전의 향기를 따라 시대의 문제와 숙제를 따라 묵묵히 제 길을 가며 작은 것의 소중함을 구현하는 우리 정암학당이 첫 산물로 내놓는 플라톤 작품으로는 딱이지 않냐며 『뤼시스』로의 출발을 내심 뿌듯해했다. 그게 2007년이니까 거의 15년 가까이 학당이 공동 작업을 해 온 셈인데, 이젠 『국가』를 비롯한 몇몇 작품들만 완성되면 긴 여정의 한 매듭을 지을 날도 머지않았다. 그런데 사실 우리의 여정은 거기가 끝이 아니다. 이른바 '위작'의 꼬리표를 달고 우리 손에 넘어온 작품들은 아직 제대로 검토, 음미되지 않은 날것 그대로의 상태로 우리 손길을 기다리고 있다. 이제 다시 한 번 굵직한 '주요' 작품들에 꽂혀 있던 우리의 시각과 태도를 되돌아보고 또 하나의 도전과 탐색에 착수할 때가 왔다. '슴슴'한 냉면 육수를 맞듯 그렇게 조금씩 은근히 다가갈 일이다.

여기 두 작품은 작은 크기의 작품들이지만 감사하게도 여러 번 검토와 수정을 거쳤다. 파일들의 작성 시기나 기록 등으로 미루어 짐작건대, 초역들은 2004년에 만들어졌고, 초역에 대한 공동 검토 작업은 『미노스』의 경우 2005년 1월에, 그리고 『사랑하는 사람들』의 경우 2005년 7월 말에 횡성 학당에서 여러 학당 구성원들의 참여하에 진행되었다. 이후 오랫동안 다른 일들에 밀려 묻혀 있던 원고가 다시 빛을 보게 된 게 2018년 겨울방학의 일이다. 70여 일을 꼬박, 보스턴 근교 벨몬트의 하숙집에 머물며 잠깐의 식사 시간 외엔 온전히, 거의 하루 18~20시간 정도를 작업에 몰두했던 꿈같은 시절이다. 석사 졸업과 결혼 후 우리 부부가 처음으로 남이 해 주는 밥 먹으며 오롯이 공부에만 전념할 수 있었던 다시 못 올 소중하고 고마운 시간이다. 그 겨울의 일부가 이 두 작품에 할애되었다. 12월 28일부터 31일까지, 그리고 해를 넘겨 2019년 1월 5일부터 6일까지 『미노스』 재역 작업을 끝내고 7일과 8일에는 관련된 독서를 하며 내용을 심화, 음미했으며, 1월 말에는 잠깐 짬을 내어 『사랑하는 사람들』을 『데모도코스』와 더불어 다시 손보았다. 물론 그 겨울의 더 큰 작업은 『미노스』 이후 이루어진 『에피노미스』 초역 작업이고, 가장 큰 작업은 『소피스트 단편 선집』의 대강을 마무리하는 일이었지만, 그 작업들 못지않게 『미노스』와 『사랑하는 사람들』 개선 작업에 나름 심혈을 기울였다. 이후 두 작품 재역에 대한 학당 윤문 작업은 코로나 19가 한창이던 지난해 7월 말부터 올해 1월 말까지 진행되었다. 7월 31일(금) 저녁 7시에 『미노스』 첫 모임을 시작해서 두 번째인 8월 첫 주 모임까지는 순조로웠지만, 이후 코로나 상황 때문에 오프라인 모임을 열지 못하다가 9월에 다시 시간을 오후 3시로 옮겨 줌으로 만나서 네 차례 윤문을 더 거친 끝에 9월 25일에 『미노스』 윤문을 완료했다. 『사랑하는 사람들』은 열암학술상 시상식 일정 때문에 예정 시간보다 일찍 시작한 10월 23일(금) 대면으로 첫 모임을 시작해서 그다음 주까지 만났다. 그러나 역시 코로나 상황 때문에 11월의 두 차례 모임은 결국 줌으로 전환했으며, 논문 발표와 연말이 겹쳐 잠시 휴지기를 갖다가 해를 넘겨 1월에 두 차례 줌으로 만나 작업을 한 끝에 1월 22일에 윤문을 완료했다. 그러니까 두 작품 모두 공교롭게도 똑같이, 각각 6회 윤문 중 첫 2회 대면, 나중 4회 비대면 줌으로 작업이 진행된 셈이다. 학당 동료들과의 공동 작업은 이렇게 코로나 바이러스의 위세를 뚫고 꽤 역동적으로 이루어졌다. '위작'의 '영양가'(?)에 대한 우려나 의심이 어찌 없었으랴만, 김선희, 성중모, 오지은, 이기백,

장미성, 이렇게 다섯 분 선생님들이 꼬박 참석하여 열징을 불태우며 애정 어린 조언과 비판을 베풀어 주셨다. 혹 이 책의 결점들이 적어지고 돋보이는 점이 생겼다면 모두 이분들 덕분이다. 깊이 감사드리며, 앞으로도 더욱 멋진 공동 작업들을 함께 해 나갈 수 있길 소망한다.

늘 그렇듯 결실의 단계에는 고마움이 한가득이다. 지금의 내가 있기까지 이끌어 주신 이태수, 김남두, 두 분 선생님께는 작으나마 새로운 시도의 한 결실을 보여 드릴 수 있어 부끄럽지만 다행스럽다. 어쭙잖게 받아든 학술상에 누구보다 기뻐해 주셨는데, 선생님들의 기대에 부응하려면 아직 부족하다는 걸 뼈저리게 느낀다. 모쪼록 앞으로의 작업들로 조금이나마 그 부끄러움을 덜 수 있게 되길, 그리고 두 분이 더 오래 든든히 곁에서 지켜보시며 깨우쳐 주시길 바라 본다. 퇴임 후 자주 못 봬 안타까운 이정호 선생님께는 언제나처럼 따뜻한 존경과 동지애를 올린다. 집안 내력 땜에 못 볼 거라시던 일흔을 보셨으니 이젠 다른 재미진 것들 계속 보실 일만 남았다. 내 작업들도 그 재미의 한 귀퉁이에 보태졌으면 좋겠다. 늘 곁에서 함께 동고동락하는 학당 동료들, '열린 플라톤/성서 읽기' 멤버들, 강릉의 정진범 선생과 철학과 제자들, '횡설수설' 멤버들에게는 여러분의 존재 자체가 힘이고 격려라는 점 새삼 말씀드리며 새로운 활력과 시도로써 함께 거듭나자는 권유 아닌 권유를 드리고 싶다. 이 책이 나오는

데 여러모로 애써 주신 이하심, 박수용 선생님을 비롯한 아카넷 출판사 편집진에게도 심심한 감사를 표한다.

코로나 시기에 원격으로 고등학교 졸업과 대학 입학을 거뜬히 치러내고 캠퍼스의 낭만 대신 낮밤 바꿔 가며 수업 듣느라 무던히도 고생한 의준이에겐, 이 책이 벨몬트 하숙집에서 주말을 함께하며 장로님 부부가 해 주신 요리의 즐거움을 만끽했던 겨울날의 추억을 선물처럼 선사할 거라 기대한다. 이 험난한 시절 직장 생활 틈틈이 『특권』 번역을 해내며 자기에겐 '엄빠야말로 진정한 특권'이라는 감동적인 고백을 하더니, 지금은 엄빠 대신 동생을 살뜰히 챙기는 실질적 가장 노릇까지 하고 있는 예은이에겐, 곧 유럽에서 함께 쌓게 될 또 다른 멋진 추억을 기다리자고 말해 주고 싶다. 두 아이 모두 어려운 시대를 만났지만 사랑과 열정으로 꿋꿋이 잘 헤쳐 가기를 응원한다. 곁에서 동고동락하며 벨몬트의 그 70여 일을 온전히 함께한 문지영 박사는 이 책만이 아니라 내 모든 작업들의 숨겨지지 않는 공로자라 할 수 있다. 같이 걸었던 벨몬트의 오솔길, 시냇물, 또 풀내음들과 산들바람이 여전히 정겹게 떠오른다. 아직 가야 할 길이 먼데, 계속 그렇게 함께 즐기며 걷자는 말로 고마움을 대신한다. 이 책이 부모님과 장모님께 자주 못 찾아뵙는 변명거리가 되기엔 턱없이 부족하겠지만, 그래도 자식이 뭔가 의미 있는 일을 하고 있다는 믿음을 이 책을 통해서도 이어 가실 수 있으면 좋겠다.

코로나 바이러스가 부리는 횡포 때문에 우리 삶이 쪼들리고 황폐해진 건 사실이지만, 혼자 견디는 시간이 아니라 이웃과 더불어 소통하고 공감하며 서로를 배려하고 북돋우며 사는 삶의 소중함을 깨닫는 시간이기도 하다. 파행과 혼란 와중에도 역사는 만들어 가야 한다. 이 짧은 글에서 일일이 거명은 다 못하지만 나를 아끼고 기억해 주시는 모든 분들과 더불어 이 작은 결실을 기뻐하고 싶다. 이런 번역이 뭐 얼마나 대단하랴 싶기도 하지만, 그래도 각자 삶의 자리에서 인고의 시간을 견디고 있을 모든 분들이 고전을 통해, 철학함을 통해 재미를 느끼거나 의미를 발견하면서 조금이나마 활기와 희망을 되찾았으면 하는 마음 간절하다. 모쪼록 우리를 옥죄고 있는 바이러스가 어서 사그라들어 이 힘들었던 시절을 한가로이 추억하는 평화로운 일상을 하루빨리 되찾을 수 있었으면 하는 바람 절실하다. 특히나, 이 작품들을 매개로 한 소통이, 표준과 정형에 얽매이지 않고 타성과 금기에 과감히 도전하는 시도들을 자극하여 열린 자세와 소통의 정신이 섬세하게 가다듬어지는 계기로 작용하길 바라마지 않는다.

2021년 7월
코로나와 무더위에도 꺾이지 않는
생명력으로 가득한 강릉의 여름날
강철웅

사단법인 정암학당을 후원해 주시는 분들

정암학당의 연구와 역주서 발간 사업은 연구자들의 노력과 시민들의 귀한 뜻이 모여 이루어집니다. 학당의 모든 연구는 시민들의 자발적인 후원을 바탕으로 하기 때문입니다. 그 결실을 담은 '정암고전총서'는 연구자와 시민의 연대가 만들어 내는 고전 번역 운동의 산물이라고 할 수 있습니다. 이 같은 학술 운동의 역사적 의미를 기리고자 이 사업에 참여한 후원회원 한 분 한 분의 정성을 이 책에 기록합니다.

평생후원회원

Alexandros Kwanghae Park 강대진 강상진 강선자 강성훈 강순전 강창보
강철웅 고재희 권세혁 권연경 기종석 길명근 김경랑 김경현 김기영
김남두 김대오 김미성 김미옥 김상기 김상수 김상욱 김상현 김석언
김석준 김선희(58) 김성환 김숙자 김영균 김영일 김운찬 김유순 김 율
김은자 김인곤 김재홍 김정락 김정란 김정례 김정명 김정신 김주일
김진성 김진식 김출곤 김 헌 김현래 김현주 김혜경 김효미 류한형
문성민 문수영 문종철 박계형 박금순 박금옥 박명준 박병복 박복득
박상태 박선미 박세호 박승찬 박윤재 박정수 박정하 박종철 박진우
박창국 박태일 박현우 반채환 배인숙 백도형 백영경 변우희 서광복
서 명 설현석 성중모 손성석 손윤락 손효주 송경순 송대현 송성근
송순아 송유레 송정화 신성우 심재경 안성희 안 욱 안재원 안정옥
양문흠 양호영 엄윤경 여재훈 염수균 오서영 오지은 오흥식 유익재
유재민 유태권 유 혁 윤나다 윤신중 윤지숙 은규호 이기백 이기석
이기연 이기용 이두희 이명호 이미란 이민정 이상구 이상원 이상익
이상인 이상희(69) 이상희(82) 이석호 이순이 이순정 이승재 이시연 이영원
이영호(48) 이영환 이옥심 이용술 이용재 이용철 이원제 이원혁 이유인
이은미 이임순 이재경 이정선(71) 이정선(75) 이정숙 이정식 이정호 이종환(71)
이종환(75) 이주형 이지수 이 진 이창우 이창연 이창원 이충원 이춘매
이태수 이태호 이필렬 이향섭 이향자 이황희 이현숙 이현임 임대윤
임보경 임성진 임연정 장경란 장동익 장미성 장영식 전국경 전병환
전헌상 전호근 정선빈 정세환 정순희 정연교 정 일 정정진 정제문
정준영(63) 정준영(64) 정태흡 정해남 정홍교 정희성 조광제 조대호 조병훈
조익순 지도영 차기태 차미영 최 미 최세용 최수영 최병철 최영임
최영환 최운규 최원배 최윤정(77) 최은영 최인규 최지호 최 화 표경태
풍광섭 하선규 하성권 한경자 한명희 허남진 허선순 허성도 허영현
허용우 허정환 허지현 홍섬의 홍순정 홍 훈 황규빈 황희철
나와우리〈책방이음〉   도미니코 수도회   도바세   방송대문교소담터스터디
방송대영문과07 학번미아팀   법률사무소 큰숲   부북스출판사(신현부)
생각과느낌 정신건강의학과   이제이북스   카페 벨라온

개인 231, 단체 10, 총 241

후원위원

강성시	강승민	깅용란	강신숙	강태형	고명선	곽삼근	곽성순	구미희
길양란	김경원	김나윤	김대권	김명희	김미란	김미선	김미향	김백현
김병연	김복희	김상봉	김성민	김성윤	김순희(1)	김승우	김양희(1)	김양희(2)
김애란	김영란	김용배	김윤선	김정현	김지수(62)	김진숙(72)	김현제	김형준
김형희	김희대	맹국재	문영희	박미라	박수영	박우진	백선옥	사공엽
서도식	성민주	손창인	손혜민	송민호	송봉근	송상호	송연화	송찬섭
신미경	신성은	신영옥	신재순	심명은	오현주	오현주(62)	우현정	원해자
유미소	유형수	유효경	윤정혜	이경진	이광영	이명옥	이봉규	이봉철
이선순	이선희	이수민	이수은	이승목	이승준	이신자	이재환	이정민
이주완	이지희	이진희	이평순	이한주	임경미	임우식	장세백	전일순
정삼아	정선빈	정현석	조동제	조문숙	조민아	조백현	조범규	조성덕
조정희	조준호	조진희	조태현	주은영	천병희	최광호	최세실리아	
최승렬	최승아	최정옥	최효임	한대규	허 민	홍순혁	홍은규	홍정수
황정숙	황훈성							

정암학당 1년 후원

문교경기〈처음처럼〉	문교수원3학년학생회	문교안양학생회
문교경기8대학생회	문교경기총동문회	문교대전충남학생회
문교베스트스터디	문교부산지역7기동문회	문교부산지역학우일동(2018)
문교안양학습관	문교인천동문회	문교인천지역학생회
방송대동아리〈아노도스〉	방송대동아리〈예사모〉	방송대동아리〈프로네시스〉
사가독서회		

개인 119, 단체 16, 총 135

후원회원

강경훈	강경희	강규태	강보슬	강상훈	강선옥	강성만	강성심	강신은
강유선	강은미	강은정	강임향	강주완	강창조	강 항	강희석	고경효
고복미	고숙자	고승재	고창수	고효순	곽범환	곽수미	구본호	구익희
권 강	권동명	권미영	권성철	권순복	권순자	권오성	권오영	권용석
권원만	권장용	권정화	권해명	김경미	김경원	김경화	김광석	김광성
김광택	김광호	김귀녀	김귀종	김길화	김나경(69)	김나경(71)	김남구	김대겸
김대훈	김동근	김동찬	김두훈	김 들	김래영	김명주(1)	김명주(2)	김명하
김명화	김명희(63)	김문성	김미경(61)	김미경(63)	김미숙	김미정	김미형	김민경
김민웅	김민주	김범석	김병수	김병옥	김보라미	김봉습	김비단결	김선규
김선민	김선희(66)	김성곤	김성기	김성은(1)	김성은(2)	김세은	김세원	김세진
김수진	김수환	김순금	김순옥	김순호	김순희(2)	김시형	김신태	김신판
김승원	김아영	김양식	김영선	김영숙(1)	김영숙(2)	김영순	김영애	김영준
김옥경	김옥주	김용술	김용한	김용희	김유석	김은미	김은심	김은정
김은주	김은파	김인식	김인애	김인옥	김인자	김일학	김정식	김정현

김정현(96) 김정화 김정훈 김정희 김종태 김종호 김종희 김주미 김중우
김지수(2) 김지애 김지열 김지유 김지은 김진숙(71) 김진태 김철한 김태식
김태욱 김태헌 김태희 김평화 김하윤 김한기 김현규 김현숙(61) 김현숙(72)
김현우 김현정 김현정(2) 김현철 김형규 김형전 김혜숙(53) 김혜숙(60) 김혜원
김혜자 김혜정 김홍명 김홍일 김희경 김희성 김희준 나의열 나춘화
남수빈 남영우 남원일 남지연 남진애 노마리아 노미경 노선이 노성숙
노혜경 도종관 도진경 도진해 류다현 류동춘 류미희 류시운 류연옥
류점용 류종덕 류진선 모영진 문경남 문상흠 문영식 문정숙 문종선
문준혁 문찬혁 문행자 민 영 민용기 민중근 민해정 박경남 박경수
박경숙 박경애 박귀자 박규철 박다연 박대길 박동심 박명화 박문영
박문형 박미경 박미숙(67) 박미숙(71) 박미자 박미정 박배민 박보경 박상선
박상준 박선대 박선희 박성기 박소운 박순주 박순희 박승억 박연숙
박영찬 박영호 박옥선 박원대 박원자 박윤하 박재준 박정서 박정오
박정주 박정은 박정희 박종례 박종민 박주현 박준용 박지영(58) 박지영(73)
박지희 박진만 박진현 박진희 박찬수 박찬은 박춘례 박한종 박해윤
박헌민 박현숙 박현자 박현정 박현철 박형전 박혜숙 박홍기 박희열
반덕진 배기완 배수영 배영지 배제성 배효선 백기자 백선영 백수영
백승찬 백애숙 백현우 변은섭 봉성용 서강민 서경식 서동주 서두원
서민정 서범준 서승일 서영식 서옥희 서용심 서월순 서정원 서지희
서창립 서회자 서희승 석현주 설진철 성 염 성윤수 성지영 소도영
소병문 소선자 손금성 손금화 손동철 손민석 손상현 손정수 손지아
손태현 손혜정 송금숙 송기섭 송명화 송미희 송복순 송석현 송염만
송요중 송원욱 송원희 송유철 송인애 송태욱 송효정 신경원 신기동
신명우 신민주 신성호 신영미 신용균 신정애 신지영 신혜경 심경옥
심복섭 심은미 심은애 심정숙 심준보 심희정 안건형 안경화 안미희
안숙현 안영숙 안정숙 안정순 안진구 안진숙 안화숙 안혜정 안희경
안희돈 양경엽 양미선 양병만 양선경 양세규 양예진 양지연 엄순영
오명순 오승연 오신명 오영수 오영순 오유석 오은영 오진세 오창진
오혁진 옥명희 온정민 왕현주 우남권 우 람 우병권 우은주 우지호
원만희 유두신 유미애 유성경 유정원 유 철 유향숙 유희선 윤경숙
윤경자 윤선애 윤수홍 윤여훈 윤영미 윤영선 윤영이 윤 옥 윤은경
윤재은 윤정만 윤혜영 윤혜진 이건호 이경남(1) 이경남(72) 이경미 이경선
이경아 이경옥 이경원 이경자 이경희 이관호 이광로 이광석 이군무
이궁훈 이권주 이나영 이다영 이덕제 이동래 이동조 이동춘 이명란
이명순 이미옥 이민숙 이병태 이복희 이상규 이상래 이상봉 이상선
이상훈 이선민 이선이 이성은 이성준 이성호 이성훈 이성희 이세준
이소영 이소정 이수경 이수련 이숙희 이순옥 이승훈 이시현 이아람
이양미 이연희 이영숙 이영신 이영실 이영애 이영애(2) 이영철 이영호(43)
이옥경 이용숙 이용웅 이용찬 이용태 이원용 이윤주 이윤철 이은규

이은심	이은정	이은주	이이숙	이인순	이재현	이정빈	이정석	이정선(68)
이정애	이정임	이종남	이종민	이종복	이중근	이지석	이지현	이진아
이진우	이철주	이춘성	이태곤	이평식	이표순	이한솔	이현주(1)	이현주(2)
이현호	이혜영	이혜원	이호석	이호섭	이화선	이희숙	이희정	임석희
임솔내	임정환	임창근	임현찬	임환균	장모범	장시은	장영애	장영재
장오현	장지나	장지원(65)	장지원(78)	장지은	장철형	장태순	장홍순	전경민
전다록	전미래	전병덕	전석빈	전영석	전우성	전우진	전종호	전진호
정가영	정경희	정계란	정금숙	정금연	정금이	정금자	정난진	정미경
정미숙	정미자	정상묵	정상준	정선빈	정세영	정아연	정양민	정양욱
정 연	정연화	정영목	정옥진	정용백	정우정	정유미	정은정	정일순
정재웅	정정녀	정지숙	정진화	정창화	정하갑	정은교	정해경	정현주
정현진	정호영	정환수	조권수	조길자	조덕근	조미선	조미숙	조병진
조성일	조성혁	조수연	조영래	조영수	조영신	조영연	조영호	조예빈
조용수	조용준	조윤정	조은진	조정란	조정미	조정옥	조중윤	조창호
조현희	조황호	주봉희	주연옥	주은빈	지정훈	진동성	차경숙	차문송
차상민	차혜진	채수환	채장열	천동환	천명옥	최경식	최명자	최미경
최보근	최석묵	최선회	최성준	최수현	최숙현	최영란	최영순	최영식
최영아	최원옥	최유숙	최유진	최윤정(66)	최은경	최일우	최자련	최재식
최재원	최재혁	최정욱	최정호	최종희	최준원	최지연	최혁규	최현숙
최혜정	하승연	하혜용	한미영	한생곤	한선미	한연숙	한옥희	한윤주
한호경	함귀선	허미정	허성준	허 양	허 웅	허인자	허정우	홍경란
홍기표	홍병식	홍성경	홍성규	홍성은	홍영환	홍은영	홍의중	홍지흔
황경민	황광현	황미영	황미옥	황선영	황신해	황예림	황유리	황은주
황재규	황정희	황주영	황현숙	황혜성	황희수	kai1100	익명	

리테라 주식회사	문교강원동문회	문교강원학생회
문교경기〈문사모〉	문교경기동문〈문사모〉	문교서울총동문회
문교원주학생회	문교잠실송파스터디	문교인천졸업생
문교전국총동문회	문교졸업생	문교8대전국총학생회
문교11대서울학생회	문교K2스터디	서울대학교 철학과 학생회
(주)아트앤스터디	영일통운(주)	장승포중앙서점(김강후)
책바람		

개인 692, 단체 19, 총 711

2021년 7월 31일 현재, 1,042분과 45개의 단체(총 1,087)가 정암학당을 후원해 주고 계십니다.

▌옮긴이

강철웅

서울대 철학과를 졸업하고 같은 학교 대학원에서 플라톤 인식론 연구로 석사 학위를, 파르메니데스 단편 연구로 박사 학위를 받았으며, 하버드대 철학과에서 박사 논문 연구를, 케임브리지대 고전학부에서 기원전 1세기 아카데미 철학을 주제로 박사후 연수를 수행했다. 고대 희랍-라틴 고전의 번역과 연구에 매진하는 정암학당의 창립 멤버이자 케임브리지대 클레어홀 종신 멤버이며, 미 국무부 초청 풀브라이트 학자로 보스턴 칼리지 철학과에서 활동했다. 현재 강릉원주대 철학과 교수로 있다.

저서로 『설득과 비판: 초기 희랍의 철학 담론 전통』(2017 학술원 우수학술도서, 제29회 열암철학상), 『서양고대철학 1』(공저)이 있고, 역서로 『소크라테스 이전 철학자들의 단편 선집』(공역), 플라톤의 『소크라테스의 변명』, 『뤼시스』, 『향연』, 『법률』(공역), 『편지들』(공역), 존 던의 『민주주의의 수수께끼』(공역, 2016 학술원 우수학술도서), 『소피스트 단편 선집』 등이 있다. 고대 희랍이 가꾼 문화 자산인 '진지한 유희'를 단초로 삼아 우리 담론 문화가 이분법과 배타성을 넘어 열린 자세와 균형을 찾는 데 일조하려 하며, 특히 역사 속에서 희미해진 '마이너'들의 목소리를 듣고 되살리려 애쓰고 있다. (이메일: cukang@gwnu.ac.kr)

정암고전총서는 정암학당과 아카넷이 공동으로 펼치는 고전 번역 사업입니다.
고전의 지혜를 공유하여 현재를 비판하고 미래를 내다보는 안목을 키우는
문학적 기반을 마련하고자 합니다.

정암고전총서 플라톤 전집

미노스 · 사랑하는 사람들

1판 1쇄 찍음 2021년 8월 9일
1판 1쇄 펴냄 2021년 8월 27일

지은이 플라톤
옮긴이 강철웅
펴낸이 김정호

책임편집 이하심
디자인 이대응

펴낸곳 아카넷
출판등록 2000년 1월 24일(제406-2000-000012호)
주소 10881 경기도 파주시 회동길 445-3 2층
전화 031-955-9510(편집) · 031-955-9514(주문)
팩시밀리 031-955-9519
www.acanet.co.kr

© 강철웅, 2021

Printed in Paju, Korea.

ISBN 978-89-5733-742-4 94160
ISBN 978-89-5733-634-2 (세트)

* 이 역서의 작업은 2018년도 강릉원주대학교 학술연구조성비 지원에
  의하여 수행되었음.